Manual que acom

¿Sabías que... ?

BEGINNING SPANISH

Fifth Edition

Volume 2

Bill VanPatten

William R. Glass

Donna Deans Binkowski
University of Massachusetts, Amherst

James F. Lee
University of New South Wales (Sydney, Australia)

Terry L. Ballman
California State University, Channel Islands

Andrew P. Farley
Texas Tech University

Mc Graw Hill

Boston   Burr Ridge, IL   Dubuque, IA   Madison, WI   New York   San Francisco   St. Louis
Bangkok   Bogotá   Caracas   Kuala Lumpur   Lisbon   London   Madrid   Mexico City
Milan   Montreal   New Delhi   Santiago   Seoul   Singapore   Sydney   Taipei   Toronto

The McGraw·Hill Companies

Mc Graw Hill **Higher Education**

Published by McGraw-Hill, an imprint of The McGraw-Hill Companies, Inc., 1221 Avenue of the Americas, New York, NY 10020. Copyright © 2008 by The McGraw-Hill Companies, Inc. All rights reserved. No part of this publication may be reproduced or distributed in any form or by any means, or stored in a database or retrieval system, without the prior written consent of The McGraw-Hill Companies, Inc., including, but not limited to, in any network or other electronic storage or transmission, or broadcast for distance learning.

This book is printed on acid-free paper.

1 2 3 4 5 6 7 8 9 0 QPD QPD 0 9 8 7

ISBN: 978-0-07-328929-8
MHID: 0-07-328929-9

Vice president and Editor-in-chief: *Emily G. Barrosse*
Publisher: *William R. Glass*
Sponsoring editor: *Katherine K. Crouch*
Director of development: *Scott Tinetti*
Development editor: *Mara Brown*
Executive marketing manager: *Nick Agnew*
Project manager: *Jackie Henry*
Senior supplements producer: *Louis Swaim*
Compositor: *TechBooks*
Typeface: *10/12 Palatino*
Printer and binder: *Quebecor World Printing, Dubuque*

Photo credits:
Page 1 © Frerck/Odyssey/Chicago; **Page 15** © David Stoecklein/Corbis; **Page 29** © Jose Luis Pelaez Inc./Corbis; **Page 41** © Jose Luis Pelaez Inc./Corbis; **Page 55** © Collection Kipa/Corbis; **Page 69** © Courtesy of Pedro Alfonso Ochoa Ledesma; **Page 83** © Fernando Alda/Corbis; **Page 97** © Andrew Brookes/Corbis; **Page 113** © Pablo Corral Vega/Corbis

Realia credits:
Page 37 "El trabajo como adicción" by Christina Peri Rossi. Used by permission of Antonia Kerrigan Agencia Literaria; **Page 72** El Mundo; **Page 79** *Natura*; **Page 89** Courtesy of American Airlines, Inc.; **Page 119** Published in the magazine QUO, No. 118, July 2005.

www.mhhe.com

Contents

Notes to Students

This is Volume 2 of the *Manual que acompaña ¿Sabías que... ?*, Fifth Edition. It contains activities and other materials related to the last three units of the student text. As you work through the materials in the *Manual* keep the following points in mind:

- The *Manual* contains groups or series of activities that focus on vocabulary, grammar, and listening skills. Each series of activities has a title: **Ideas para explorar** or **Vamos a ver.** For example, **Lección 10** includes a series of activities entitled **Ideas para explorar: Los estados de ánimo**. These activities not only deal with states of mind but also provide additional work on certain grammar points. This series continues until the next series title, **Ideas para explorar: Reacciones.**

- In general, when you complete an **Ideas para explorar** section in your textbook, you should then complete the corresponding **Ideas para explorar** series in the *Manual*. At the end of each **Vamos a ver** section of your textbook, you should also complete the corresponding **Vamos a ver** activity or activities in the *Manual*.

- Write out each lesson's **Para entregar** (*To turn in*) activities on a separate sheet of paper, and turn it in to your instructor. (These activities are noted with a notepad icon in the margin.)

- To do the listening activities (noted with a headphones icon in the margin), you must listen to the recordings that accompany the *¿Sabías que... ?* program. You may find it convenient to purchase your own set of CDs for this purpose. Ask your instructor for information on how to obtain them.

- At the end of each lesson, you will find a section titled **Videoteca: Los hispanos hablan** in which you will listen to a brief interview of a native speaker of Spanish. Each **Videoteca: Los hispanos hablan** will have **pasos** for pre-listening and post-listening activities. You can also watch the interviews, found on the video on CD and on the Online Learning Center website at **www.mhhe.com/sabiasque5.**

- Answers to activities preceded by an asterisk (*) are included in the Answer Key in the back of the *Manual*.

- At the end of this volume of the *Manual* is an Appendix that contains **Lección 9** from the first volume. The entire lesson, along with corresponding answers, is provided for those classes that did not complete it the previous semester.

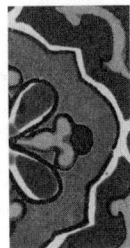

UNIDAD CUATRO
El bienestar

LECCIÓN 10

¿Cómo te sientes?

En esta lección del *Manual* vas a

◆ Hablar de cómo te sientes y el bienestar

◆ Practicar los verbos **faltar** y **quedar**

◆ Repasar el uso del imperfecto para hablar de sucesos habituales en el pasado

 You can find additional quizzes to practice the grammar, vocabulary, and cultural themes covered in this lesson on the *¿Sabías que... ?* Online Learning Center website at **www.mhhe.com/sabiasque5**.

IDEAS PARA EXPLORAR
Los estados de ánimo

VOCABULARIO

¿Cómo se siente?

Talking about how someone feels

 ACTIVIDAD A Más sobre Yolanda

Paso 1 ¿Te acuerdas de Yolanda, la chica del Vocabulario que recibió la nota equivocada? Vas a escuchar algunas preguntas sobre ella. Para cada pregunta, se dan dos respuestas: una es cierta, la otra es falsa. Escucha bien y decide cuál es la respuesta correcta para cada pregunta.

> MODELO (oyes) ¿Cómo está Yolanda durante el examen de física, tensa o aburrida? →
> (dices) Está tensa.
> (oyes) Tensa. Yolanda está tensa durante el examen.

1... 2... 3... 4... 5...

Paso 2 Sabemos cómo se siente Yolanda en diferentes situaciones. ¿Cómo te sientes tú en las mismas circunstancias? ¿Reaccionas igual que Yolanda o de forma distinta? ¡A ver! Responde a las siguientes preguntas con oraciones completas en español e indica si tu reacción es igual a la de Yolanda o diferente.

1. ¿Cómo te sientes cuando te preparas para un examen difícil?

   Me siento _____.

   Mi reacción es ☐ igual ☐ diferente a la de Yolanda.

2. ¿Cómo te sientes cuando haces ejercicio?

   Me siento _____.

   Mi reacción es ☐ igual ☐ diferente a la de Yolanda.

3. ¿Cómo te pones cuando recibes una mala nota?

   Me siento _____.

   Mi reacción es ☐ igual ☐ diferente a la de Yolanda.

4. ¿Cómo te sientes durante un examen?

   Me siento _____.

   Mi reacción es ☐ igual ☐ diferente a la de Yolanda.

5. ¿Cómo te pones cuando tu compañero/a de cuarto hace mucho ruido?

   Me siento _____.

   Mi reacción es ☐ igual ☐ diferente a la de Yolanda.

*ACTIVIDAD B Estados y situaciones

Empareja cada sentimiento de la columna A con una causa de la columna B.

A

1. _____ Uno se siente tenso si…

2. _____ Uno se siente avergonzado si…

3. _____ Uno está nervioso si…

4. _____ Uno se siente relajado si…

5. _____ Uno está cansado si…

6. _____ Uno se siente deprimido si…

7. _____ Uno se siente orgulloso si…

B

a. se baña con agua caliente.
b. espera noticias importantes.
c. trabaja mucho y no descansa (rests).
d. se le muere un buen amigo.
e. no tiene suficiente dinero para pagar las cuentas.
f. lo nombran «mejor estudiante del año».
g. dice una tontería enfrente de muchas personas.

ACTIVIDAD C ¿Qué debería° hacer esta persona?

ought

Paso 1 ¿Cuál es la conclusión lógica de cada oración?

1. Mi amigo debería tomarse unas vacaciones.
   a. Está muy contento.
   b. Está muy tenso.
   c. Está muy bien.
2. Mi compañera de cuarto debería descansar un poco.
   a. Está muy estresada.
   b. Está muy aburrida.
   c. Tiene hambre.
3. Mi perro necesita beber un poco de agua.
   a. Tiene celos.
   b. Tiene sed.
   c. Está triste.

4. Mi hermano debería consumir menos cafeína.
   a. Está muy cansado.
   b. Está muy perezoso.
   c. Está muy tenso.
5. Mi abuela debería ir al médico.
   a. Está enferma.
   b. Tiene envidia (envy).
   c. Está satisfecha.

Paso 2 Escucha el programa auditivo para verificar las respuestas.

Paso 3 Indica los estados de ánimo que se te aplican a ti. ¿A qué conclusión llegas?

	CON FRECUENCIA	A VECES	NUNCA
1. Estoy triste.	☐	☐	☐
2. Estoy deprimido/a.	☐	☐	☐
3. Estoy satisfecho/a.	☐	☐	☐
4. Estoy nervioso/a.	☐	☐	☐
5. Estoy aburrido/a.	☐	☐	☐
6. Tengo hambre.	☐	☐	☐
7. Estoy enfermo/a.	☐	☐	☐
8. Estoy tenso/a.	☐	☐	☐

	CON FRECUENCIA	A VECES	NUNCA
9. Estoy contento/a.	☐	☐	☐
10. Tengo envidia.	☐	☐	☐

COMUNICACIÓN

PARA ENTREGAR Asociaciones

Paso 1 En una hoja de papel aparte, copia la siguiente tabla. Escribe algo que asocias con cada estado de ánimo como, por ejemplo, un día de la semana o una actividad específica. Luego, escribe un color que asocias con esa condición.

ESTADO DE ÁNIMO	ACTIVIDAD ASOCIADA (DÍA ASOCIADO, ETCÉTERA)	COLOR ASOCIADO
contento/a		
triste		
cansado/a		
tenso/a		

Paso 2 Usa la información de la tabla del **Paso 1** para hacer autodescripciones (*self-descriptions*) que corresponden a cada estado de ánimo.

> MODELO   Muchas veces estoy ＿＿ cuando ＿＿ (*o:* los ＿＿*) porque ＿＿. El color que asocio con este estado de ánimo es ＿＿.

GRAMÁTICA

¿Te sientes bien?

"Reflexive" verbs

ACTIVIDAD D De tal palo, tal astilla...

Paso 1 Note whether each statement is typical or unusual for you.

	ES TÍPICO	ES RARO
1. Me aburro fácilmente.	☐	☐
2. Me enojo por tonterías (*insignificant things*).	☐	☐
3. Me irrito cuando no duermo lo suficiente.	☐	☐
4. Me preocupo por mi situación económica.	☐	☐
5. Me alegro cuando mis amigos me invitan a una fiesta.	☐	☐

---

*Use this if you are talking about a day of the week (**Estoy cansado los miércoles...**).

	ES TÍPICO	ES RARO
6. Me ofendo cuando la gente fuma.	☐	☐
7. Me canso fácilmente.	☐	☐

Paso 2 Now choose one of the members in your immediate family (mother, father, brother, sister). Which of the following are typical for that person?

	ES TÍPICO	ES RARO
1. Se aburre fácilmente.	☐	☐
2. Se enoja por tonterías.	☐	☐
3. Se irrita cuando no duerme lo suficiente.	☐	☐
4. Se preocupa por su situación económica.	☐	☐
5. Se alegra cuando sus amigos lo/la invitan a una fiesta.	☐	☐
6. Se ofende cuando la gente fuma.	☐	☐
7. Se cansa fácilmente.	☐	☐

Paso 3 Based on your responses in **Pasos 1** and **2,** are you and this family member similar or different? Had you thought about these things before?

ACTIVIDAD E Para escuchar

Paso 1 Listen to the conversation between Antonio and María, two classmates who have just gotten to know each other.

*Paso 2 Based on what you heard, complete the following sentence.

María no _____ fácilmente, pero sí _____ con frecuencia.

*Paso 3 Now indicate whether the following are true, false, or not known based on the conversation. Listen again if you need to.

	SÍ	NO	NO SE SABE
1. Las amigas de María se enojan más que ella.	☐	☐	☐
2. María se irrita cuando no duerme lo suficiente.	☐	☐	☐
3. María se irrita cuando otras personas fuman en su presencia.	☐	☐	☐
4. María se irrita cuando no encuentra un libro en la biblioteca.	☐	☐	☐

COMUNICACIÓN

PARA ENTREGAR Muchas personas...

Paso 1 Using the model shown, write five sentences to express the conditions under which people get bored, offended, worried, happy, or irritated. Use a separate sheet of paper.

MODELO Muchas personas _____ cuando _____.

Paso 2 Now go back and add a line about yourself for each state of mind using either

Y yo también _____.

or   Pero yo no _____.

 # IDEAS PARA EXPLORAR
Reacciones

VOCABULARIO

¿Cómo se revelan las emociones?

Talking about how people show their feelings

*ACTIVIDAD A Asociaciones

Paso 1 Escoge la mejor explicación para cada situación.

1. Una persona llora.
   a. Está triste.
   b. Está bien.
   c. Está contenta.
2. Dos personas se ríen.
   a. Acaban de escuchar (*They have just heard*) una historia muy triste.
   b. Acaban de escuchar una historia muy cómica.
   c. Acaban de escuchar una historia muy detallada.
3. Un niño se sonroja.
   a. Comió mucho durante la cena.
   b. Ve mucho la televisión.
   c. Una niña lo besó (*kissed*) en público.
4. Una mujer está asustada.
   a. Oye ruidos extraños (*strange sounds*) en la casa.
   b. Ganó mucho dinero en la lotería.
   c. Quiere darle una fiesta a su amigo.
5. Alguien tiene dolor de cabeza.
   a. Necesita la atención de un psicólogo.
   b. Está muy tensa.
   c. Lo pasa muy bien.

Paso 2 Escoge la palabra o frase que se puede asociar con cada acción o estado.

1. silbar
   a. llamar a un perro   b. hablar con un amigo   c. escribir una composición
2. encerrarse
   a. la puerta (*door*)   b. la ventana (*window*)   c. el auto
3. permanecer callado/a
   a. los chistes   b. las cuentas   c. en un teatro o cine
4. quejarse
   a. la satisfacción   b. productos defectuosos   c. las uñas
5. comerse las uñas
   a. tener hambre   b. estar nervioso/a   c. leer algo aburrido

*ACTIVIDAD B En el corredor

Vas a escuchar tres conversaciones diferentes. Escoge la mejor manera de concluir cada conversación.

1. Ana:
   a. ¡Qué bien! ¡Felicidades!
   b. Pues, ¿vas a la fiesta de Miguel el viernes?
   c. Lo siento. ¿Vas a hablar con el profesor?
2. Carmen:
   a. Pues, mira, no tienes por qué enojarte conmigo.
   b. Pareces muy relajado hoy.
   c. ¿Por qué no vamos a la cafetería a tomar un café?
3. María:
   a. Sí, por eso se queja todo el día.
   b. Sí, por eso silba.
   c. Sí, por eso llora.

*ACTIVIDAD C ¿Qué le pasa al piloto?

José y Consuelo son reporteros de un periódico. Comentan una historia que investiga José. Escucha la conversación y luego contesta en español las preguntas a continuación.

1. Explica brevemente la historia que el reportero investiga.

   _____

   _____

2. Escribe tres adjetivos que describan el estado de ánimo del piloto.

   a. _____   b. _____   c. _____

3. ¿Dónde está el piloto y qué está haciendo ahora mismo? _____

   _____

4. No sabemos qué cosa le pasa al piloto. ¿Cuál de las siguientes puede ser la causa lógica de la conducta y del estado de ánimo del piloto?

	SÍ	NO
a. Está celebrando su cumpleaños (*birthday*).	☐	☐
b. Perdió todo su dinero en malas inversiones (*investments*).	☐	☐
c. Su esposa le pidió el divorcio.	☐	☐
d. La línea aérea le dio un aumento de sueldo (*a raise*).	☐	☐

COMUNICACIÓN

PARA ENTREGAR ¿Es lógica esta reacción?

A continuación se presentan cinco situaciones. En cada una, la persona tiene una reacción que puede ser lógica o ilógica. Indica si la reacción de la persona es lógica o ilógica en cada caso. Después, en una hoja aparte, explica tu respuesta con una o dos oraciones en español.

1. SITUACIÓN: Una niña de 5 años no puede encontrar a su madre en el supermercado.
   REACCIÓN: La niña llora.

   ☐ lógica ☐ ilógica

2. SITUACIÓN: Un hombre lee una novela cómica.
   REACCIÓN: Se come las uñas.

   ☐ lógica ☐ ilógica

3. SITUACIÓN: El profesor les deja mucho trabajo a los estudiantes.
   REACCIÓN: Los estudiantes se quejan.

   ☐ lógica ☐ ilógica

4. SITUACIÓN: A un hombre se le caen los pantalones en una fiesta cuando baila la salsa.
   REACCIÓN: El hombre se sonroja.

   ☐ lógica ☐ ilógica

5. SITUACIÓN: Una mujer gana 5 millones de dólares, en la lotería.
   REACCIÓN: Permanece callada.

   ☐ lógica ☐ ilógica

GRAMÁTICA

¿Te falta energía?

The verbs **faltar** and **quedar**

ACTIVIDAD D Me falta...

Paso 1 Decide whether each sentence is true for you or not.

	SÍ	NO
1. Normalmente me falta energía por la tarde.	☐	☐
2. Después de lavar la ropa, siempre me falta algo.	☐	☐
3. Cuando estudio para un examen, a veces me faltan apuntes (*notes*) importantes.	☐	☐
4. Me faltan muchos cursos para completar mi campo de especialización.	☐	☐
5. Al final del mes, siempre me falta dinero.	☐	☐
6. Falto mucho a la clase de español.	☐	☐
7. Falto mucho a otras clases.	☐	☐

*Paso 2 How would you ask someone in class the information in items 1–7 of **Paso 1?** Write out a question for each statement and then check them in the Answer Key. If there is time in your next class session, ask someone next to you some of the questions. How do his or her answers compare with what you said in **Paso 1?**

ACTIVIDAD E Matemáticas

*Paso 1   Read each situation below and then answer the question that follows.

1. Al principio del semestre, en la librería había cincuenta ejemplares (*copies*) de la novela *Cien años de soledad*, de Gabriel García Márquez. Cuarenta y cinco estudiantes compraron ejemplares para su clase de literatura. Una semana después, seis estudiantes dejaron la clase (*dropped the class*) y devolvieron sus libros a la librería. A la vez, dos estudiantes se matricularon (*enrolled*) en el curso que pedía esa novela y fueron a comprarla a la librería.

   ¿Cuántos ejemplares quedan en la librería? _____

2. Enrique, Roberto y Juliana son compañeros de cuarto. El sábado pasado fueron de compras y, entre otras cosas, compraron dos docenas de huevos. El domingo por la mañana Enrique preparó huevos fritos para todos y usó seis huevos. El mismo día Juliana hizo una torta de chocolate y usó tres huevos más. Pero al preparar la torta se le cayó (*fell*) uno, así que usó cuatro huevos en total.

   ¿Cuántos huevos quedan en el refrigerador? _____

3. El Día de San Valentín, Raúl le mandó una docena de rosas a su novia Elena. Desafortunadamente, cuando llegaron a la casa de Elena, dos de las flores ya estaban marchitas (*withered*). Elena puso las demás en un florero, pero su gato le dio vuelta al (*tipped over the*) florero y estropeó (*ruined*) otra.

   ¿Cuántas rosas quedan en el florero? _____

4. María Jesús recibió de su madre cuarenta dólares para su cumpleaños. Para celebrar, invitó a sus amigos a tomar una copa y gastó diecisiete dólares. Al día siguiente, gastó dos dólares en la lotería pero ganó diez. Se compró una revista que le costó tres dólares y volvió a casa.

   ¿Cuánto dinero le queda a María Jesús? _____

5. El primer día de clases había cien estudiantes en la clase de química. Después de recibir el programa de clase, quince se asustaron y dejaron la clase. Otros diez se dieron cuenta de que estaban en la clase equivocada (*wrong*) y también se fueron. Pero luego aparecieron otros tres estudiantes que llegaban tarde.

   ¿Cuántos estudiantes quedan en la clase? _____

Paso 2   You may have thought the problems in **Paso 1** were easy. But math problems are harder to do when the information is given to you orally! Read the follow-up questions and **Vocabulario útil** before listening to the two oral problems in **Paso 3.**

1. ¿Cuántos discos de música clásica le quedan a Carlos?
2. ¿Cuántas botellas de vino le quedan a Gloria?

VOCABULARIO ÚTIL

se rompieron   (*they*) *broke*
se cayeron   (*they*) *fell*

*Paso 3   Listen to the speaker describe each situation and then answer the question that follows with a complete sentence.

1. _____

2. _____

COMUNICACIÓN

 **PARA ENTREGAR El profesor (La profesora) y yo**

Paso 1 On a separate sheet of paper, write out six statements about yourself, using **faltar, quedar,** and **encantar** (twice each) to tell your instructor some things about yourself.

Paso 2 Using the same verbs, make up three questions for your instructor in order to find out some things about him or her. Remember to use **te** or **le** as appropriate.

 # IDEAS PARA EXPLORAR

Para sentirte bien

VOCABULARIO

¿Qué haces para sentirte bien?

Talking about leisure activities

 *ACTIVIDAD A ¿Qué actividad es?

Escoge la letra de la actividad que se describe en el programa auditivo.

1. a. levantar pesas   b. caminar   c. tocar la guitarra
2. a. nadar   b. correr   c. pintar
3. a. cantar   b. jugar al béisbol   c. hacer ejercicio aeróbico
4. a. salir con amigos   b. jugar al basquetbol   c. levantar pesas

*ACTIVIDAD B ¿Cuál no debe estar?

Paso 1 Indica la acción que no debe estar en cada grupo.

1. a. correr   b. levantar pesas   c. nadar   d. ir al cine
2. a. hacer ejercicio   b. jugar al tenis   c. jugar al boliche   d. jugar al basquetbol
3. a. pintar   b. tocar la guitarra   c. cantar   d. ir de compras
4. a. levantar pesas   b. pintar   c. jugar al boliche   d. jugar al fútbol

Paso 2 Ahora, ¿con qué grupo del **Paso 1** va cada descripción?

a. _____ Es necesario usar las manos.

b. _____ No es necesario salir de casa.

c. _____ Es necesario gastar mucha energía.

d. _____ Es necesario usar pelota (*ball*).

Paso 3 Usando la información del **Paso 2**, trata de justificar las respuestas que diste en el **Paso 1**.

MODELO _____ no debe estar en el grupo número _____ porque

_____.

COMUNICACIÓN

PARA ENTREGAR Recomendaciones

¿Qué les recomiendas a las siguientes personas? Imagínate que eres médico/a. Todos tus pacientes tienen problemas diferentes. En una hoja aparte, copia cada caso e indica qué actividades le recomiendas al individuo.

Caso #1

Una mujer de 75 años que tuvo un ataque cardíaco hace seis meses quiere hacer ejercicio para evitar otro ataque.

Recomendación: Debe…

Caso #2

Una chica de 15 años, bien delgada y débil, desea ponerse en forma para jugar al tenis.

Recomendación:

Caso #3

Un hombre recién divorciado quiere bajar de peso (*to lose weight*) y no desea estar solo, es decir, quiere hacer nuevos amigos.

Recomendación:

Caso #4

Un hombre de negocios de 30 años está muy tenso. Se siente estresado. Quiere hacer algo saludable para relajarse.

Recomendación:

Caso #5

Tu profesor(a) no está de buen humor.

Recomendación:

GRAMÁTICA

¿Qué hacías de niño/a para sentirte bien?

Using the imperfect for habitual events: A review

*ACTIVIDAD C ¿Quién lo hacía?

Match each activity with the person who used to do it.

¿Quién de la lista…

1. _____ pintaba?
2. _____ cantaba?
3. _____ jugaba al tenis?
4. _____ jugaba al fútbol?
5. _____ escribía?
6. _____ bailaba y actuaba en películas?

a. Frida Kahlo
b. Pete Sampras
c. Ginger Rogers
d. Diego Maradona
e. Miguel de Cervantes
f. Selena

ACTIVIDAD D La niñez y la adolescencia

Paso 1 Indicate how you felt as a child and as an adolescent.

		DE NIÑO/A		DE ADOLESCENTE	
		SÍ	NO	SÍ	NO
1.	Me sentía tenso/a frecuentemente.	☐	☐	☐	☐
2.	Por lo general, estaba contento/a.	☐	☐	☐	☐
3.	Me faltaba energía a veces.	☐	☐	☐	☐
4.	Me aburría fácilmente.	☐	☐	☐	☐
5.	Me enojaba fácilmente.	☐	☐	☐	☐
6.	Estaba triste a veces.	☐	☐	☐	☐
7.	Me sentía _____ muchas veces.	☐	☐	☐	☐

Paso 2 Now indicate how you showed your feelings as a child and as an adolescent.

		DE NIÑO/A		DE ADOLESCENTE	
		SÍ	NO	SÍ	NO
1.	Lloraba mucho.	☐	☐	☐	☐
2.	Me comía las uñas.	☐	☐	☐	☐
3.	Me reía mucho.	☐	☐	☐	☐
4.	Frecuentemente me encerraba en el cuarto.	☐	☐	☐	☐
5.	Frecuentemente permanecía callado/a.	☐	☐	☐	☐
6.	Silbaba y cantaba con frecuencia.	☐	☐	☐	☐
7.	_____ (mucho).	☐	☐	☐	☐

Paso 3 Are there differences between how you felt as a child and as an adolescent? And how you feel now? On a separate sheet of paper, write a brief comparison.

ACTIVIDAD E Con otra persona...

*Paso 1 Listen to the conversation between a patient and a psychologist. Jot down the following information.

1. De niño, el paciente estaba _____.

2. Cuando estaba con su mamá, se sentía como que no _____.

3. El paciente ayudaba a su mamá cuando ella _____ los quehaceres (*chores*).

4. Y la acompañaba cuando ella _____.

5. Al paciente le encantaba cuando él y su mamá _____.

6. Por la tarde, su mamá le _____.

En general, ¿cómo era la niñez del paciente? _____

Paso 2 Choose a relative (**madre, padre, hermano, tía,** and so on), friend, professor, or animal (**perro, gato**) and say how you felt when you were with him or her when you were a child.

Cuando estaba con _____, me sentía _____. ¿Qué más podrías decir del tiempo que pasaban juntos?

☐ Jugábamos y lo pasábamos muy bien.

☐ Donde él/ella iba, yo iba también.

☐ Nos reíamos mucho.

☐ Cuando estábamos juntos, el resto del mundo no existía.

☐ Éramos inseparables.

☐ Nos peleábamos (*We fought with each other*) mucho.

☐ Frecuentemente ____ me hacía llorar.

☐ ____ me daba miedo.

☐ Cuando estábamos juntos, yo contaba los minutos.

☐ Cuando estaba con él/ella, tenía ganas de escaparme, de salir corriendo.

Guarda estas respuestas para usarlas en la actividad subsecuente.

COMUNICACIÓN

PARA ENTREGAR ¿Qué relaciones tenían?

Using the information you gave in **Paso 2** of **Actividad E** as well as other facts, write a composition of approximately 50 words. Describe your relation to the person you chose in **Paso 2,** indicating how you felt when you were around this person, what you did together, and so forth. Use the imperfect because you will be describing habitual activities and feelings from the past. If you like, you may listen again to the conversation between the patient and the psychologist. Here is a way to begin the description.

Voy a describir un poco cómo eran mis relaciones con [nombre y tipo de relación: pariente, amigo, animal doméstico, etcétera]. Cuando estaba con él/ella, me sentía...

VIDEOTECA:
Los hispanos hablan[1]

*****Paso 1** Lee la siguiente selección **Los hispanos hablan.** Luego, contesta las preguntas a continuación.

1. ¿Cuáles son los tres deportes que Nuria practicaba de niña?
2. ¿Cuál de las siguientes declaraciones es verídica (*true*) para Nuria?
   a. De niña practicaba más deporte que ahora.
   b. De niña practicaba menos deporte que ahora.
   c. En cuanto al deporte era tan activa de niña como ahora.

---

[1]The **Los hispanos hablan** segments are also available on the Video on CD to accompany *¿Sabías que... ?,* as well as on the Online Learning Center (www.mhhe.com/sabiasque5).

Los hispanos hablan

¿Practicas algún deporte? Explica por qué lo practicas.

NOMBRE: Nuria Sagarra

EDAD: 26 años

PAÍS: España

«Pues, cuando era pequeña practicaba el baloncesto[a] y también corría bastante, la natación... Creo que hacía bastante más deporte que ahora de más mayor[b]... »

[a]basquetbol (*Sp.*)   [b]más... *older*

*Paso 2   Ahora escucha el segmento completo. Después, contesta las siguientes preguntas.

1. ¿Qué deportes practica Nuria ahora?
2. Nuria menciona dos razones para hacer deporte. ¿Cuáles son?
3. Respecto al deporte, ¿menciona Nuria sus planes para el futuro?

Paso 3   A base de lo que dice Nuria y tus experiencias personales, contesta las siguientes preguntas.

1. En cuanto a los deportes, compara tu niñez con la de Nuria. ¿Hay semejanzas o diferencias? Da ejemplos.
2. Compara tu niñez con tu vida de ahora. ¿Hacías más deporte de niño/a o haces más deporte ahora? Explica.

LECCIÓN **11**

¿Cómo te relajas?

En esta lección del *Manual* vas a

◆ Hablar de actividades y lugares asociados con relajarse y con el tiempo libre

◆ Repasar las formas del *pretérito*

◆ Practicar el uso del *pretérito* y el *imperfecto* para narrar una historia en el pasado

You can find additional quizzes to practice the grammar, vocabulary, and cultural themes covered in this lesson on the *¿Sabías que... ?* Online Learning Center website at **www.mhhe.com/sabiasque5**.

 **IDEAS PARA EXPLORAR**

El tiempo libre

VOCABULARIO

¿Qué haces para relajarte?

More activities for talking about relaxation

*ACTIVIDAD A Sobre las actividades

Paso 1 Escoge la respuesta que mejor complete cada oración.

1. La actividad que más se asocia con las niñas es _____.
   a. esquiar
   b. bañarse en un jacuzzi
   c. saltar a la cuerda

2. Un deporte que requiere la participación de otros jugadores es _____.
   a. el patinaje (*skating*)
   b. el fútbol
   c. el correr

3. Para _____ es ventajoso (*advantageous*) ser alto.
   a. esquiar en las montañas
   b. jugar al basquetbol
   c. jugar al golf

4. La Copa Mundial es el premio gordo del _____.
   a. fútbol
   b. voleibol
   c. béisbol

5. Un deporte que no se puede jugar bajo techo (*indoors*) es _____.
   a. el tenis
   b. el fútbol americano
   c. el golf

6. La actividad que más se asocia con la alta velocidad (*high speed*) es _____.
   a. el golf
   b. esquiar en el agua
   c. levantar pesas

7. La actividad que tienen en común los arquitectos y los diseñadores de moda (*fashion designers*)
   es _____.
   a. patinar
   b. meditar
   c. dibujar

Paso 2 Lee cada descripción. ¿Puedes adivinar (*guess*) a qué actividad se refiere?

1. Es un deporte favorito entre los jóvenes para divertirse en la playa. Hay dos equipos (*teams*) y el número de jugadores puede variar. Se usa una pelota (*ball*) y una red (*net*).

   ¿Qué deporte es? _____

2. Esta actividad puede practicarse a solas. No se puede hacer dentro de (*inside*) la casa sino al aire libre. No es una actividad que requiere mucha energía pero sí mucha paciencia. El resultado puede ser impresionante.

   ¿Qué actividad es? _____

3. Esta actividad puede practicarse a solas, pero también se puede hacer en grupo. No requiere actividad física, pero sí concentración mental. Muchos asocian esta actividad con las religiones orientales.

   ¿Qué actividad es? _____

4. Esta actividad no se considera un deporte, pero muchos deportistas o atletas la practican para mantenerse en forma. Requiere mucha energía si se hace por más de cinco minutos.

¿Qué actividad es? _____

5. Esta actividad es una buena manera de relajarse sin tener que hacer nada. Uno simplemente se sienta (*sits down*) y el movimiento del agua tibia (*warm*) relaja el cuerpo. Muchos dicen que es equivalente a un buen masaje.

¿Qué actividad es? _____

ACTIVIDAD B Una conversación

Paso 1   Escucha la conversación entre Elena y Roberto.

*Paso 2   ¿Cuál es la situación entre Elena y Roberto?

a. Elena se siente tensa y Roberto le recomienda que haga (*that she do*) alguna actividad para relajarse.
b. Roberto se siente tenso y Elena le recomienda que haga alguna actividad para relajarse.

*Paso 3   Según lo que has oído (*you have heard*), ¿qué tipo de actividad es recomendable para Elena?

a. Una actividad de grupo. Un deporte tal vez.
b. Un deporte solitario pero muy activo.
c. Una actividad solitaria, pero no un deporte.

*Paso 4   De las actividades estudiadas en esta lección, ¿cuáles son recomendables para Elena? Si quieres, puedes buscar otras en el diccionario para recomendar.

COMUNICACIÓN

PARA ENTREGAR ¿Qué te gusta hacer?

¿Qué tipo de actividad prefieres hacer tú? Indícalo contestando las preguntas a continuación. Primero, en una hoja aparte, termina las oraciones 1 a 5 con la frase apropiada, según tus preferencias. Luego, llena el espacio en blanco con una actividad apropiada. Puedes buscar en el diccionario otras actividades además de (*besides*) las que has estudiado hasta el momento.

1. Cuando estoy tenso/a, prefiero…   ☐ estar solo/a.   ☐ estar con otras personas.

Por eso me gusta _____.

2. Cuando me siento deprimido/a, prefiero…   ☐ estar solo/a.   ☐ estar con otras personas.

Por eso me gusta _____.

3. Cuando estoy contento/a, prefiero…   ☐ estar solo/a.   ☐ estar con otras personas.

Por eso me gusta _____.

4. Cuando estoy enfadado/a, prefiero…   ☐ estar solo/a.   ☐ estar con otras personas.

Por eso me gusta _____.

VOCABULARIO

¿Adónde vas para relajarte?

Talking about places and related leisure activities

*ACTIVIDAD C ¿Dónde se hace?

Paso 1 Escucha las descripciones. Luego, escoge qué lugar se describe.

1. a. el desierto   b. la montaña   c. el río
2. a. el bosque   b. el desierto   c. el parque
3. a. las montañas   b. el lago   c. el café
4. a. el desierto   b. el parque   c. el mar

Paso 2 Escribe en los espacios en blanco a continuación el lugar correcto de cada número del **Paso 1**. Luego, escoge la actividad asociada con ese lugar.

1. _____ se asocia más con _____.
    a. pescar   b. dar un paseo   c. hacer ejercicios aeróbicos

2. _____ se asocia más con _____.
    a. ver una exposición   b. hacer *camping*   c. bucear

3. _____ se asocian más con _____.
    a. escalar   b. navegar un barco   c. conversar

4. _____ se asocia más con _____.
    a. bucear   b. esquiar   c. hacer un *picnic*

ACTIVIDAD D Asociaciones

Paso 1 Da un ejemplo de un nombre famoso de cada uno de estos lugares para relajarse.

MODELO un río: → el Amazonas

1. un lago: _____
2. un bosque: _____
3. un desierto: _____
4. un parque: _____
5. un museo: _____

Paso 2 Ahora, escucha las respuestas en el programa auditivo. ¿Nombraste los mismos ejemplos famosos?

Paso 3 La persona del programa auditivo nombró lugares en distintas partes del mundo. Compara la perspectiva que tomaste tú con la del programa auditivo.

☐ Yo también tomé una perspectiva mundial en esta actividad.

☐ Bueno, mi perspectiva no era tan mundial como la de la persona en el programa auditivo.

☐ Me limité a mencionar lugares de los Estados Unidos.

COMUNICACIÓN

PARA ENTREGAR Reacciones

Comenta tu reacción a cada actividad a continuación. Usa los verbos **gustar**, **encantar** y/o **interesar** en tu comentario y da una breve explicación de tu preferencia. Usa una hoja aparte.

MODELOS dar un paseo en el parque
No me interesa dar un paseo en el parque. Me parece aburrido.
o Me encanta dar un paseo en el parque. Es fascinante ver a la gente y lo que hace.

1. acampar en el desierto
2. escalar una montaña
3. bucear en el mar
4. ver una exposición en un museo de arte
5. navegar en un barco en un lago

GRAMÁTICA

Relajarse es bueno

When to use an infinitive or an **-ando** form

ACTIVIDAD E ¿Qué opinas?

Paso 1 Read the following statements, then indicate which are true for you (**sí**) and which are not (**no**).

En mi opinión...	SÍ	NO
a. *hacer camping* es relajante.	☐	☐
b. pescar es estimulante.	☐	☐
c. escalar montañas requiere mucha concentración.	☐	☐
d. jugar al golf es muy divertido.	☐	☐
e. mirar un partido de béisbol es aburrido.	☐	☐
f. dar un paseo por el desierto es bonito.	☐	☐
g. visitar un museo es fascinante.	☐	☐

Paso 2 For the statements in **Paso 1** that you marked **no**, rewrite each one so that it is true for you.

MODELO Hacer camping es relajante → Hacer camping es aburrido.

ACTIVIDAD F ¿Cómo prefieren relajarse?

*Paso 1 Listen to the audio program and answer the questions.

1. José Luis probablemente prefiere relajarse _____.
   a. esquiando en la nieve
   b. meditando
   c. jugando a los naipes
   d. pescando

2. José Luis probablemente no puede relajarse _____.
   a. participando en actividades sedentarias
   b. haciendo actividades físicas

3. José Luis probablemente cree que _____ es divertido.
   a. dibujar
   b. tener un picnic
   c. escalar montañas

Paso 2 Indicate the sentence that best describes you.

   a. La forma en que yo prefiero relajarme es similar a la que prefiere José Luis.
   b. La forma en que yo prefiero relajarme es diferente a la que le gusta a José Luis.

 **COMUNICACIÓN**

PARA ENTREGAR Tu profesor(a)

Paso 1 Complete the following statements based on what you think your professor's point of view is. En la opinión de mi profesor(a)...

   a. jugar al golf es _____.

   b. andar en bicicleta es _____.

   c. andar en monopatín es _____.

   d. navegar la red es _____.

   e. jugar a los naipes es _____.

How well do you know him/her?

 Paso 2 Now write questions you can use to ask your professor about the ideas in **Paso 1.** If you have time during the next class, ask your professor these questions.

 # IDEAS PARA EXPLORAR

En el pasado

VOCABULARIO

¿Qué hicieron el fin de semana pasado para relajarse?

Review of the third person preterite

*ACTIVIDAD A Los residentes

 Paso 1 Escucha la narración y luego indica lo que hizo cada persona a continuación.

Los residentes de Avenida de las Palmeras, 64*

NOMBRE	LO QUE HIZO EL SÁBADO	LO QUE HIZO EL DOMINGO
Claudio	_____	_____
Óscar	_____	_____
Fernando	_____	_____

---

*En los países hispanos, la dirección (*address*) de una persona o un negocio consiste en la calle (o avenida) primero y luego el número.

Paso 2 Basándote en lo que escuchaste y anotaste en el **Paso 1,** ¿quién dirías (*would you say*) que... ?

a. es el más activo físicamente? _____

b. es el menos activo físicamente? _____

c. prefiere relajarse sin salir de casa? _____

d. prefiere las flores? _____

e. puede tener problemas en el futuro con las rodillas (*knees*)? _____

ACTIVIDAD B ¿Adónde fueron?

Escucha lo que hicieron las siguientes personas. Luego di adónde probablemente fueron para hacer sus actividades o si se quedaron en casa. ¿Siempre mencionas el mismo lugar que la persona en el programa auditivo?

MODELO   (*oyes*) Ramón y Silvia dieron un paseo. →
              (*dices*) Fueron al parque.
              (*oyes*) Fueron al parque.

1...   2...   3...   4...   5...

COMUNICACIÓN

PARA ENTREGAR

Escribe un párrafo de menos de 50 palabras en el cual describes lo que crees que el profesor/la profesora hizo el fin de semana para relajarse. Incluye lo que hizo, con quién lo hizo, adónde fue(ron) para hacerlo y otros detalles. Trata de incluir por lo menos cuatro verbos diferentes para darle fluidez al párrafo y limítate por el momento a usar sólo la tercera persona (él/ella, ellos/ellas).

GRAMÁTICA

¿Y qué hiciste tú para relajarte?

Review of first and second person preterite

ACTIVIDAD C ¿Cuándo la hiciste?

Paso 1 Indicate the last time you did each of these activities.

	AYER	LA SEMANA PASADA	HACE MUCHO TIEMPO	NUNCA HAGO ESTA ACTIVIDAD
1. Levanté pesas.	☐	☐	☐	☐
2. Fui a un museo.	☐	☐	☐	☐
3. Acampé.	☐	☐	☐	☐
4. Di un paseo.	☐	☐	☐	☐
5. Nadé en un lago.	☐	☐	☐	☐
6. Jugué a los naipes.	☐	☐	☐	☐

	AYER	LA SEMANA PASADA	HACE MUCHO TIEMPO	NUNCA HAGO ESTA ACTIVIDAD
7. Me bañé en un jacuzzi.	☐	☐	☐	☐
8. Patiné.	☐	☐	☐	☐
9. Di una fiesta.	☐	☐	☐	☐
10. Dormí más de ocho horas.	☐	☐	☐	☐

*Paso 2 Write ten questions based on the statements in **Paso 1** to ask a classmate.

MODELO ¿Cuándo fue la última vez que escalaste una montaña?

1. _____

2. _____

3. _____

4. _____

5. _____

6. _____

7. _____

8. _____

9. _____

10. _____

Paso 3 Call on a classmate and ask him or her the questions from **Paso 2.** Ask them in Spanish, of course. How do your answers compare?

*ACTIVIDAD D Una conversación por teléfono

Listen to the phone conversation between two friends. Then answer the questions.

1. ¿Quién estuvo de vacaciones? ¿Alicia o Silvia? _____

2. ¿Fue sola o con otra persona? ¿Cómo lo sabes? _____

_____

3. Marca lo que hicieron.

☐ a. Visitaron museos.

☐ b. Bucearon en el mar.

☐ c. Fueron al teatro.

☐ d. Dieron un paseo.

☐ e. Jugaron al tenis.

☐ f. Durmieron muy poco.

☐ g. Conocieron a alguien.

☐ h. Regresaron hace tres días.

4. Pensando en lo que hicieron durante sus vacaciones, ¿adónde crees que fueron Alicia y la otra persona? ¿Cuáles son las pistas (*clues*) más obvias?

_____

ACTIVIDAD E ¿Qué hicieron los abogados?

Paso 1 Imagine that a married couple works together in a law firm in southern California. In what order do you think they carried out the following activities after they left the office?

a. _____ Se acostaron.

b. _____ Leyeron unos informes.

c. _____ Se bañaron juntos en el jacuzzi.

d. _____ Tomaron una copa en su *pub* favorito.

e. _____ Prepararon una cena italiana.

f. _____ Vieron las noticias en la tele.

g. _____ Lavaron los platos.

h. _____ Pasaron por el supermercado para comprar pan.

i. _____ Se cambiaron de ropa.

j. _____ Jugaron con el perro.

Paso 2 Now listen as the wife tells you what they did last night. As soon as you see that your events are out of order, stop the audio program and think again. Then keep listening. Stop the audio program each time you come across a mistake, and rethink the order of events.

ACTIVIDAD F ¿Qué hicieron?

Paso 1 Listen as each speaker states what he or she did last night, and choose the most logical completions for the sentences below.

1. Esta persona probablemente...

   ☐ conoció a varias personas.

   ☐ pasó una noche aburrida.

   ☐ se acostó muy temprano.

2. Esta persona probablemente...

   ☐ fue al cine después de estudiar.

   ☐ tuvo un examen hoy.

   ☐ lo pasó muy bien.

3. Esta persona probablemente...

   ☐ también tomó un refresco.

   ☐ leyó a la vez una novela de aventuras.

   ☐ limpió su casa.

4. Esta persona probablemente...

   ☐ le mandó una carta a un amigo.

   ☐ trabajó mucho.

   ☐ habló de asuntos familiares.

5. Esta persona probablemente...

   ☐ estuvo sola toda la noche.

   ☐ comió palomitas.

   ☐ gastó mucha energía.

6. Esta persona probablemente...

   ☐ comió una hamburguesa.

   ☐ pidió una pizza.

   ☐ pidió un plato picante.

7. Esta persona probablemente...

   ☐ tomó seis cervezas.

   ☐ se levantó cansada esta mañana.

   ☐ vio a muchas personas y habló con ellas.

8. Esta persona probablemente...

   ☐ compró flores y velas (*candles*) en el supermercado.

   ☐ se despertó sola esta mañana.

   ☐ se puso muy triste.

9. Esta persona probablemente...

   ☐ se acostó a las nueve.

   ☐ no dijo nada en toda la noche.

   ☐ bailó con varias personas.

10. Esta persona probablemente...

   ☐ tuvo una entrevista hoy.

   ☐ se duchó después.

   ☐ faltó al trabajo.

Paso 2 Now listen to the audio program for the answers. (Note: As you listen to the answers, what you hear may not be exactly what is written on the page.)

 COMUNICACIÓN

PARA ENTREGAR ¿Cómo los pasaste?

Think about the last days off you have had. They should be days when you didn't work or study. What did you do? Did you go on vacation? Did you stay home? Did you spend time with other people or alone? How many days were there in all? On a separate sheet of paper, write a composition of approximately 50 words in which you answer these questions and describe the things you did. You should mention at least six different activities.

 # IDEAS PARA EXPLORAR

La última vez...

GRAMÁTICA

¿Qué hacías que causó tanta risa?

Narrating in the past: using both preterite and imperfect

ACTIVIDAD A Anoche...

Think about last night. Visualize where you were at about 9:00, what you were doing, who was with you, how you felt, and so on.

Paso 1 Look at the following list of activities. Which one were you doing last night at about 9:00? Anoche a las 9.00 yo...

   ☐ estudiaba.   ☐ dormía.

   ☐ miraba la televisión.   ☐ leía.

   ☐ hablaba por teléfono.   ☐ _____

   ☐ cenaba.

Paso 2   Now tell where you were and whom you were with.

Estaba en _____, y _____ estaba(n) conmigo.

Paso 3   Which of the following describes how you felt? (**¡OJO!** More than one may be possible.)

☐ (No) Me sentía bien.

☐ Me sentía más o menos bien.

☐ Estaba tenso/a.

☐ Estaba enfadado/a (enojado/a, irritado/a).

☐ Estaba aburrido/a.

☐ Estaba preocupado/a por algo.

☐ _____

Paso 4   Now try to put the information together. Practice once or twice stringing together orally the activities listed in **Paso 1.** Here is a model to help you.

> Anoche a las 9.00 yo hablaba por teléfono con mi papá. Estaba en casa. Nadie estaba conmigo en ese momento. No me sentía muy bien porque estaba un poco tenso/a. Estaba preocupado/a por cosas de dinero.

ACTIVIDAD B Ayer por la mañana...

Paso 1   Listen as someone talks about yesterday morning when she woke up. Then choose the most logical completions for the sentences. Just listen once, for now.

*Paso 2   Choose the best completion for each sentence according to what you heard.

1. Cuando se despertó la narradora, _____.
   a. eran las seis
   b. eran las seis y media
   c. eran las siete

2. La narradora se levantó temprano porque _____.
   a. tenía clase a las ocho
   b. tenía que trabajar
   c. tenía que estudiar

3. La narradora no quería molestar (*to bother*) a su compañera de cuarto, porque ésta _____.
   a. escuchaba el estéreo
   b. todavía dormía
   c. hacía ejercicio aeróbico

4. La narradora estaba desilusionada (*disappointed*) porque _____.
   a. hacía mal tiempo
   b. la biblioteca estaba cerrada
   c. su bicicleta tenía un pinchazo (*flat tire*)

5. La narradora fue a la cafetería porque _____.
   a. necesitaba cafeína
   b. iba a reunirse con un amigo
   c. tenía que trabajar

Paso 3   Listen again if you need to. Then check your answers in the Answer Key.

Paso 4   Think about the last time you woke up early. Was your experience the same as or different from the speaker's? Can you describe it using the imperfect to talk about events, actions, and states of being that were in progress at the time?

ACTIVIDAD C El crimen: Parte I

Remember the well-worn lines in detective stories, "Where were you on the night of . . . ?" and "What were you doing when . . . ?" In this activity you will gather alibis given in response to these questions. (Save this information for later use.)

Someone was killed in the study of the old García mansion last night at approximately 10:30. It was Old Man García himself. Detective Arturo "No Se Me Escapan" Pérez is questioning five suspects. Listen as Detective Pérez questions the suspects about their whereabouts at the time of the murder. Take notes as you go and listen again if you need to. The first one is done for you, but you can listen to the questioning anyway.

VOCABULARIO ÚTIL

le doy el pésame   *I give you my condolences*

	SOSPECHOSO	¿DÓNDE ESTABA?	¿QUÉ HACÍA?
1.	Isabel Sánchez	en su apartamento	ella y su amiga miraban la tele
2.			
3.			
4.			
5.			

*ACTIVIDAD D Mientras Roma ardía°

was burning

Match each historical event in column A with one in column B.

A

1. _____ Mientras el imperio romano crecía...

2. _____ Mientras los Estados Unidos se expandían hacia el oeste en el siglo XVIII...

3. _____ Aunque las mujeres participaban activamente en la sociedad en 1910...

4. _____ Aunque la gente inculta (*uneducated*) pensaba que el mundo era plano (*flat*)...

5. _____ Aunque los Estados Unidos ya gozaban de su independencia en 1810...

B

a. Colón estaba seguro de que era redondo (*round*).
b. el imperio de los egipcios florecía (*was flourishing*).
c. los indígenas luchaban para proteger su propio territorio.
d. muchos de los territorios del resto de América todavía eran colonias españolas.
e. no tenían derecho (*the right*) a votar.

ACTIVIDAD E El crimen: Parte II

Here are some pieces of information that Detective Pérez uncovered during his investigation. You may jot down some notes if you wish.

1. Aunque Isabel era la secretaria particular del señor García, ella no le tenía ningún afecto. De hecho, lo detestaba.
2. Siempre que su señora estaba de vacaciones, el señor García salía con otra mujer a escondidas (*secretly*).
3. Aunque Paco tenía muchos años de ser su chófer, no le caía bien el señor García. El señor García no lo trataba con respeto y no le pagaba bien. Eso molestaba a Paco porque era buen chófer y mecánico. Estudió para mecánico cuando era soldado (*soldier*).

ACTIVIDAD F El crimen: Parte III

Paso 1   Listen as Detective Pérez tells how Old Man García was killed. Take notes as you listen.

VOCABULARIO ÚTIL

al instante	*instantly*	que da al patio	*that leads to the patio*
disparar	*to fire (a gun)*	recoger	*to pick up*
la mesita	*end table*	la silla	*chair*
el mayordomo	*butler*	tomarle el pulso	*to take someone's pulse*

*Paso 2   Using what you just heard, answer the following questions.

1.   ¿Quién fue la última persona que vio al señor García antes del asesinato?_____

2.   ¿Qué instrumento usó el asesino para cometer el crimen? _____

3.   ¿Quién descubrió al muerto? _____

Paso 3   Now, think about the five suspects again. What might you want to know about them based on the information about the murder?

(*Hint*: ¿Quién o qué tipo de persona pudo entrar y salir sin ser vista [*without being seen*]? ¿Quién o qué tipo de persona pudo apuntar [*aim a gun*] con tanta precisión?)

 **COMUNICACIÓN**

PARA ENTREGAR El crimen: Parte final

Paso 1   Listen as Detective Pérez continues interviewing the five suspects. Jot down the things that they say about their relationships with Old Man García. The first one is done for you.

	SOSPECHOSO	RELACIONES CON EL SR. GARCÍA
1.	Isabel Sánchez	se llevaban bien, él la trataba bien, le hablaba con respeto (le decía siempre «señorita») y le pagaba bien
2.		
3.		
4.		
5.		

Paso 2   In a short essay (one page or less), explain who you think killed Old Man García. Support your claim with evidence. Before turning it in, check your essay for appropriate use of the preterite and imperfect. (You may also want to double-check it for correct use of object pronouns.)

VIDEOTECA:

Los hispanos hablan

*Paso 1 Lee la siguiente selección **Los hispanos hablan.** Luego, contesta las preguntas a continuación.

1. Según Nuria, ¿qué tipo de chiste es popular en España?
2. Según Mónica, ¿qué otro tipo de chistes hay en su país?

Los hispanos hablan

¿Crees que hay diferencias entre el humor de tu país y el de los Estados Unidos?

NOMBRE: Nuria Sagarra

    EDAD: 26 años

    PAÍS: España

«Estoy pensando en la religión. En España —eso es un factor muy diferente a Estados Unidos. Entonces hay muchos, muchos chistes sobre la religión y el catolicismo, la Iglesia, misa[a] y todo esto... »

NOMBRE: Mónica Prieto

    EDAD: 24 años

    PAÍS: España

«También hay chistes de política. Muchos chistes de política. Y creo que no hay tantos en Estados Unidos. Creo que a los españoles les gustan los chistes sobre la política, metiéndose con los políticos... »

_____

[a]*Mass*

 *Paso 2 Ahora escucha el segmento y contesta estas preguntas.

VOCABULARIO ÚTIL

verde   *además de ser un color, también se usa como adjetivo para referirse a algo con connotaciones sexuales*

1. Mónica menciona que, además de los chistes políticos, hay otro tipo de chiste común. ¿Qué es?

2. Cuando Nuria habla la segunda vez, menciona una clase de chistes, los chistes ____.

3. Nuria opina que los españoles son un poquito más ____ que los americanos. (¿Está de acuerdo con esto su profesor/profesora de español?)

*Paso 3 A base de lo que has visto (*you have seen*), ¿dónde sería más probable lo siguiente, en España o en los Estados Unidos?

1. contar un chiste político
2. no contar un chiste sobre el sexo
3. contar un chiste sobre el fútbol americano
4. contar un chiste sobre la Iglesia católica

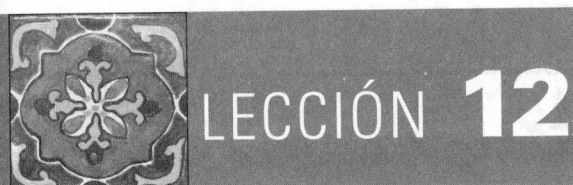

LECCIÓN **12**

¿En qué consiste el abuso?

En esta lección del *Manual* vas a

◆ Hablar de los riesgos de ciertas actividades físicas

◆ Continuar practicando el uso del *imperfecto* y del *pretérito* para hablar del pasado

◆ Practicar los mandatos de **tú**

◆ Escuchar a alguien hablar de los adictos al trabajo

 You can find additional quizzes to practice the grammar, vocabulary, and cultural themes covered in this lesson on the *¿Sabías que... ?* Online Learning Center website at **www.mhhe.com/sabiasque5**.

 # IDEAS PARA EXPLORAR

Hay que tener cuidado

VOCABULARIO

¿Qué es una lesión?

More vocabulary related to activities

ACTIVIDAD A ¿Qué es?

Paso 1 Indica lo que la persona está describiendo.

1. FRANCISCO: «Un día, mientras corría, sentí un dolor en la pierna (*leg*). Vi al médico y me dijo que tenía que dejar de correr por un mes.»

   Francisco está describiendo _____.

   a. un daño   b. una herida

2. MARÍA LUISA: «Recuerdo que un día iba en mi carro por las montañas de Santa Cruz. Iba a 55 millas por hora y, de repente, en una curva, vi que se me acercaba un carro sin frenos (*brakes*). Por poco tengo (*I almost had*) un accidente.»

   María Luisa está describiendo _____.

   a. un peligro   b. una lesión

3. ROBERTO: «Antes trabajaba en una fábrica (*factory*) de textiles. Usaba una máquina que cortaba telas (*cut fabrics*). Un día, por estar distraído, la máquina me cortó un dedo (*finger*). Ahora tengo sólo cuatro dedos en la mano izquierda.»

   Roberto está describiendo _____.

   a. un incidente en el que se hirió   b. un trabajo que no pone a nadie en peligro

4. CARMEN: «Leí un artículo sobre la destrucción de la capa de ozono en la atmósfera. Decía que la contaminación y la desforestación son algunas de las causas de este problema. Me parece que esto merece nuestra atención, ¿no lo crees?»

   Carmen está describiendo algo que _____.

   a. causa daño   b. puede herir a una persona

Paso 2 Escucha a las personas del **Paso 1** hablar en el programa auditivo. Luego, escucha la respuesta correcta.

ACTIVIDAD B Acciones y resultados

Paso 1 Empareja las acciones con los resultados.

ACCIONES	RESULTADOS
1. _____ levantar algo pesado (*heavy*)	a. cortarse el dedo
2. _____ cocinar	b. romperse el brazo (*to break an arm*)
3. _____ tener una pelea (*fight*)	c. romperse la pierna
4. _____ esquiar	d. romperse la nariz
5. _____ caerse (*to fall*)	e. resultar con un ojo morado (*black eye*)
	f. hacerse daño en la espalda (*back*)

Paso 2 Escucha a la persona en el programa auditivo para ver si estás de acuerdo con lo que dice sobre las acciones y los resultados en el **Paso 1.**

ACTIVIDAD C ¿Peligroso o dañino?

Muchos opinan que **dañino** y **peligroso** no significan lo mismo. Es decir que para ellos, no son sinónimos. En esta actividad vas a ver si para ti significan lo mismo o no.

Paso 1 Di si cada una de las actividades a continuación puede ser dañina o si puede ser peligrosa.

MODELOS   Ver la televisión →
Ver la televisión puede ser dañino.

or   Trabajar de policía →
Trabajar de policía puede ser peligroso.

1. Chismear (*To gossip*) _____

2. Decir mentiras (*lies*) _____

3. Escuchar constantemente música a todo volumen _____

4. Fumar _____

5. Practicar el paracaidismo (*To skydive*) _____

6. Andar en motocicleta sin casco (*helmet*) _____

7. Salir solo/a de noche en una ciudad grande _____

_____

8. Tener una dieta alta en grasa _____

9. Tomar más de tres tazas de café diariamente _____

_____

10. Tomar el sol (*To sunbathe*) _____

11. Tomar tranquilizantes o pastillas (*pills*) para dormir _____

_____

12. Trabajar en las minas de carbón _____

13. Usar pesticidas sin llevar máscara (*mask*) _____

_____

Paso 2 Piensa en las clasificaciones que hiciste en el **Paso 1.** ¿Qué tendencias notas? ¿Cuál es la diferencia entre una actividad dañina y una peligrosa?

Paso 3 Indica cuál de las siguientes afirmaciones es la más apropiada en tu opinión.

a. Para mí, una actividad dañina puede tener consecuencias mucho más graves que una actividad peligrosa. Por ejemplo, una actividad dañina puede conducir a (*lead to*) la muerte.

b. Para mí, una actividad peligrosa puede tener consecuencias mucho más graves que una actividad dañina. Por ejemplo, una actividad peligrosa puede conducir a la muerte.

c. Para mí, una actividad dañina y una peligrosa son iguales en cuanto a la gravedad de los efectos y la posibilidad de morir.

PARA ENTREGAR Una vez...

En una hoja aparte, escribe un breve párrafo sobre un incidente en el que tú o algún conocido resultó herido/a. Puedes seguir uno de los modelos a continuación, llenando los espacios en blanco con tus propios detalles.

MODELOS   Una vez me herí mientras _____. Yo _____ cuando _____. La herida (no) fue _____, así que (no) tuve que _____.

Una vez _____ se hirió mientras _____. (Él/Ella) _____ cuando _____. La herida (no) fue _____, así que (no) tuvo que _____.

GRAMÁTICA

¿Veías la televisión de niño/a?

Imperfect forms of the verb **ver**

ACTIVIDAD D ¿Con qué frecuencia?

Paso 1   Indicate how often the following happened when you were in elementary school.

	CON FRECUENCIA	DE VEZ EN CUANDO	RARAS VECES
1. Veía a mis abuelos.	☐	☐	☐
2. Veía a mis compañeros de escuela durante el verano.	☐	☐	☐
3. Veía a mis maestros fuera de clase (por ejemplo, en el supermercado, en la iglesia...).	☐	☐	☐
4. Veía la televisión.	☐	☐	☐
5. Veía a mis padres.	☐	☐	☐

 Paso 2   Now listen to three speakers. With which do you have most in common regarding whom or what you used to see as a child?

☐ José María   ☐ Conchita   ☐ Miguel

PARA ENTREGAR ¿Eres teleadicto/a?

Write a brief description about your television viewing habits as a child. Use the verbs **ver, ser,** and others in the description. Include at least the following information.

a. cuándo (la hora, los días)   c. con quién(es)
b. qué (programas favoritos)   d. cuánto (horas por día)

IDEAS PARA EXPLORAR

Saliendo de la adicción

GRAMÁTICA

¿Qué debo hacer? —Escucha esto.

Telling others what to do:
affirmative **tú** commands

*ACTIVIDAD A Mandatos

Listen to the commands given on the audio program. Write each down after you hear it and then select the situation in which you are likely to hear the command.

1. _____

    a. La doctora te está dando las indicaciones para tomar una medicina.
    b. Mañana a las 6.30 vas a salir de vacaciones.
    c. Estás muy animado/a y quieres salir con una amiga a bailar.

2. _____

    a. Otra persona te dice que tienes la cara pálida y tú no lo crees.
    b. Tienes que hacer unos quehaceres (*chores*) pero no tienes ganas.
    c. Una amiga te llama para contarte chismes (*gossip*).

3. _____

    a. Alguien te da un formulario para rellenar.
    b. Alguien quiere decirte algo sin que oigan los demás.
    c. Alguien te está dando consejos sobre el amor.

4. _____

    a. Haces mucho ruido y tu amigo está cansado.
    b. Un amigo quiere invitarte a cenar.
    c. Otra persona te pide el número de teléfono.

5. _____

    a. Le traes a tu amiga un libro que ella quería.
    b. Un amigo quiere comer y tiene mucha hambre.
    c. Una amiga sabe que le estás diciendo una mentira.

6. _____

    a. La profesora te da una tarea que tienes que entregar la próxima semana.
    b. Un amigo te invita a ir al cine esta noche.
    c. Un amigo necesita urgentemente algo que sólo tú puedes hacer.

ACTIVIDAD B Perros y niños

Paso 1 Here are some expressions that will be used in the commands in **Paso 2.**

VOCABULARIO ÚTIL

sentarse (ie)	*to sit down*
echarse	*to lie down*
saltar	*to jump*
dar la mano	*to shake hands*
dar vueltas	*to roll over*
callarse	*to be quiet*

Paso 2 Which of the following are typical commands that people give to dogs? Which are commands that parents often give to children? Which are sometimes uttered to both dogs and children? The commands are given on the audio program for you to hear as well.

		SÓLO A LOS PERROS	SÓLO A LOS NIÑOS	A LOS DOS
1.	Siéntate.	☐	☐	☐
2.	Habla.	☐	☐	☐
3.	Ve a jugar afuera.	☐	☐	☐
4.	Dame un beso (*kiss*).	☐	☐	☐
5.	Échate.	☐	☐	☐
6.	Tráeme las zapatillas (*slippers*).	☐	☐	☐
7.	Lávate las manos.	☐	☐	☐
8.	Ven (para) acá (*here*).	☐	☐	☐
9.	Salta.	☐	☐	☐
10.	Dame la mano.	☐	☐	☐
11.	Da vueltas.	☐	☐	☐
12.	Come.	☐	☐	☐
13.	Cállate.	☐	☐	☐
14.	Sal afuera.	☐	☐	☐

Paso 3 Basing your answer on **Paso 2** only, with which statement do you agree?

☐ Se trata a los perros y a los niños de manera muy diferente.

☐ En cierto sentido, se trata a los perros y a los niños más o menos de la misma manera.

☐ Se trata a los perros y a los niños exactamente de la misma manera.

COMUNICACIÓN

 PARA ENTREGAR ¿Cuándo?

Describe the situations in which you would use the following four commands.

MODELO «Apúntala aquí, por favor.» →
Esto se podría decir cuando una persona le pide a otra su dirección.

1. Dame eso, por favor.
2. ¡Cuéntamelo!

3. Despiértate. ¡Despiértate!
4. Anda.* Pruébalo.

GRAMÁTICA

¿Qué no debo hacer? —¡No hagas eso!

Telling others what *not* to do:
negative **tú** commands

 ACTIVIDAD C Conversaciones incompletas

Paso 1 Listen to each incomplete conversation. Then select the most logical way for one of the speakers to continue the interchange. In each case, the options contain commands.

1. Hablan María y Teresa. María dice que tiene un problema.

   TERESA:
   a. No trabajes tanto. Sal con tus amigos de vez en cuando.
   b. Prepárate bien porque mañana hay un examen.
   c. Estudia con alguien en la biblioteca. No te quedes tanto en casa.

2. Hablan Carlos y Juan. Juan ha recibido malas noticias.

   CARLOS:
   a. Pues sigue los consejos del doctor. No te pongas triste.
   b. No te alarmes. Haz lo que quieras y no le hagas caso al doctor.
   c. Explícale al doctor que eso es imposible. Dile que quieres otra medicina.

3. Marisol e Isabel están conversando e Isabel le cuenta algo que le preocupa.

   MARISOL:
   a. Olvídalo. Probablemente no es nada.
   b. Busca entre sus cosas. Allí debe estar la prueba definitiva.
   c. Llama primero a sus profesores. Quizás ellos sepan algo más del caso.

Paso 2 Now listen to the completed conversations. How do your selections compare with the actual conversations?

---

*Anda is often used in Spanish with the meaning "Go ahead."

ACTIVIDAD D Más sobre perros y niños

Paso 1 Here are some expressions that will be used in the commands in **Paso 2**.

VOCABULARIO ÚTIL

los muebles	*furniture*
revolcarse en el lodo	*to roll around in the mud*
pisar	*to step on, walk on*
la moqueta	*carpeting*
pelearse	*to fight*
morder (ue)	*to bite*

 Paso 2 Think again about dogs and children. How would you classify the following negative commands? The commands are given on the audio program for you to hear as well.

		SÓLO A LOS PERROS	SÓLO A LOS NIÑOS	A LOS DOS
1.	No saltes en el sofá.	☐	☐	☐
2.	No te sientes en los muebles.	☐	☐	☐
3.	No juegues en la calle.	☐	☐	☐
4.	No me beses.	☐	☐	☐
5.	No te revuelques en el lodo.	☐	☐	☐
6.	No pises la moqueta con los pies sucios.	☐	☐	☐
7.	No te pelees con ese gato.	☐	☐	☐
8.	No me muerdas.	☐	☐	☐
9.	No comas en la cama.	☐	☐	☐
10.	No toques eso.	☐	☐	☐
11.	No hagas tanto ruido.	☐	☐	☐

Paso 3 Considering not only the preceding items but also the earlier activity with affirmative commands, with which statement do you agree? Have you changed your mind?

☐ Se trata a los perros y a los niños de manera muy diferente.

☐ En cierto sentido, se trata a los perros y a los niños más o menos de la misma manera.

☐ Se trata a los perros y a los niños exactamente de la misma manera.

 **COMUNICACIÓN**

 PARA ENTREGAR Y los gatos...

Paso 1 Cats may or may not be like dogs (and children). On a separate sheet of paper, write five affirmative commands in Spanish that you would give to a cat in order to train it. Also write five negative commands in Spanish that you would give to a cat to train it.

Paso 2 Write a statement about whether or not you think we speak to children and animals differently when we give commands. Do we speak to all animals the same way?

VAMOS A VER

Los adictos al trabajo

ANTICIPACIÓN

Paso 1   En un momento vas a escuchar a alguien hablar en el programa auditivo de los llamados **adictos al trabajo**. Pero antes, piensa en alguien que crees que es adicto al trabajo. Puede ser algún amigo, pariente o personaje de la televisión o el cine. ¿Cómo es esa persona? ¿Por qué crees que es adicta al trabajo?

Paso 2   En el libro de texto, leíste una selección abreviada titulada «El trabajo como adicción». Aquí está la selección entera. Léela con cuidado y luego, en una hoja aparte, haz un mapa conceptual sobre su contenido. Si quieres, puedes comparar tu mapa con el de un compañero (una compañera).

El trabajo como adicción

EL ADICTO al trabajo se miente a sí mismo y les miente, por tanto, a los demás. En realidad, hace todo lo posible por no tener un instante libre, por ser un esclavo del trabajo: ocupando todo su tiempo tiene un pretexto perfecto para no preguntarse en realidad qué desea y para no satisfacer el deseo de los demás. Ocupando todo su tiempo disponible no tiene que responder a ninguna pregunta compleja (el deseo es una pregunta inquietante) y a la vez se siente dispensado de ofrecerse él mismo como objeto de placer a los demás. «No puede» tomar un café con el amigo porque hace horas extras; «no puede» escuchar a sus hijos porque no dispone de tiempo; «no puede» hacer el amor de manera relajada y libre porque está cansado. Mientras él huye de su insatisfacción tapándola con la alienación de su entrega desmedida al trabajo, se convierte, a su vez, en fuente de insatisfacción para los otros.

Cristina Peri Rossi

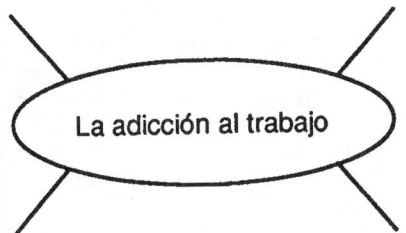

La adicción al trabajo

Paso 3   A continuación hay vocabulario que te ayudará (*will help*) a entender mejor lo que vas a escuchar. Puedes deducir el significado de otras palabras nuevas que escuches, o te las puedes saltar.

VOCABULARIO ÚTIL

metas	*goals*
políticas	*policies*
un deseo innato	*an innate desire*

EXPLORACIÓN

Paso 1   Escucha el programa auditivo. Por el momento, concéntrate en las ideas generales.

Paso 2   Según lo que has oído y entendido, ¿son ciertas o falsas las siguientes afirmaciones?

	CIERTO	FALSO
1. Hay cuatro características que comparten todos los adictos al trabajo.	☐	☐
2. Trabajar largas horas es una buena indicación de una posible adicción al trabajo.	☐	☐

Paso 3 Escucha el programa auditivo otra vez. Esta vez, anota las características de los adictos al trabajo. Trata de incluir todos los detalles posibles.

CARACTERÍSTICAS QUE COMPARTEN LOS ADICTOS AL TRABAJO
Primera
Segunda
Tercera
Cuarta

SÍNTESIS

Vuelve al mapa conceptual que hiciste en **Anticipación** antes de escuchar. Añade la información que aprendiste en **Exploración,** haciendo todos los cambios necesarios. Es probable que tengas que reorganizar el mapa para acomodar los nuevos datos.

 # VIDEOTECA:
Los hispanos hablan

Paso 1 Lee la siguiente selección **Los hispanos hablan.** ¿Cómo completa Idélber su oración? ¡Adivina!

1. ...el dinero.
2. ...la popularidad.
3. ...la salud.

Los hispanos hablan

¿Qué has notado[a] en cuanto a la actitud norteamericana con respecto a la salud?

NOMBRE: Idélber Avelar

EDAD: 29 años

PAÍS: Brasil

«La mayoría de la gente que llega a Estados Unidos de otros países nota una preocupación tremenda —para algunas personas, quizás una preocupación superflua, demasiado grande— respecto a _____... »

_____
[a]has... *have you noticed*

*Paso 2 Ahora escucha el segmento completo. Después, contesta las siguientes preguntas.

1. Idélber menciona dos cosas específicas que les preocupan a los norteamericanos. ¿Cuáles son?
2. ¿Qué oración capta mejor la opinión de Idélber?
   a. En los Estados Unidos la gente piensa demasiado en el día de hoy; nunca piensa en el futuro.
   b. En los Estados Unidos es bueno que la gente piense tanto en su bienestar físico.
   c. En los Estados Unidos la gente se preocupa de la perfección física y así la inmortalidad, y que no goza (*enjoys*) de la vida que sí tiene.

Paso 3 ¿Estás de acuerdo con la opinión de Idélber o no?

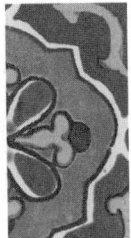

UNIDAD CINCO
Somos lo que somos

LECCIÓN **13**

¿Cómo te describes?

En esta lección del *Manual,* vas a

◆ Practicar la descripción de la personalidad

◆ Practicar el *pretérito perfecto*

◆ Practicar verbos que requieren el uso de **se**

◆ Repasar las verdaderas construcciones reflexivas

 You can find additional quizzes to practice the grammar, vocabulary, and cultural themes covered in this lesson on the *¿Sabías que... ?* Online Learning Center website at **www.mhhe. com/sabiasque5**.

IDEAS PARA EXPLORAR

La personalidad

VOCABULARIO   ¿Cómo eres? (I)

Describing personalities

*ACTIVIDAD A Antónimos

Usando la información presentada en el **Vocabulario** en el libro de texto, selecciona el antónimo de cada palabra indicada.

1. optimista
   a. humilde
   b. pesimista
   c. decidido
2. testarudo
   a. flexible
   b. liberal
   c. sincero
3. divertido
   a. conservador
   b. impaciente
   c. aburrido
4. calmado
   a. decidido
   b. explosivo
   c. realista
5. trabajador
   a. perezoso
   b. indeciso
   c. inseguro
6. chismoso
   a. arrogante
   b. sensible
   c. discreto
7. sabio
   a. ingenuo
   b. idealista
   c. adaptable
8. caótico
   a. seguro
   b. metódico
   c. paciente
9. conformista
   a. insincero
   b. hablador
   c. rebelde
10. tímido
    a. decidido
    b. realista
    c. extrovertido

ACTIVIDAD B Asociaciones

Paso 1   Empareja cada característica con lo que generalmente se asocia.

	A		B
1.	_____ discreto	a.	no hacer nada productivo
2.	_____ metódico	b.	no considerar a los demás
		c.	guardar secretos
3.	_____ celoso	d.	hablar mucho de otras personas
4.	_____ divertido	e.	planear siempre las cosas que hace
5.	_____ testarudo	f.	contar chistes y divertir a los demás
6.	_____ insensible	g.	ser inexperto en las cosas del mundo
		h.	ser muy inflexible
7.	_____ seguro	i.	sentirse confiado
8.	_____ chismoso	j.	tenerle envidia a otra persona
9.	_____ perezoso		
10.	_____ ingenuo		

Paso 2 Ahora lee las siguientes oraciones para verificar tus respuestas.

1. Una persona discreta guarda secretos.
2. Una persona metódica planea siempre las cosas que hace.
3. Una persona celosa le tiene envidia a otra persona.
4. Una persona divertida cuenta chistes y divierte a los demás.
5. Una persona testaruda es muy inflexible.
6. Una persona insensible no considera a los demás.
7. Una persona segura se siente confiada.
8. Una persona chismosa habla mucho de otras personas.
9. Una persona perezosa no hace nada productivo.
10. Una persona ingenua es inexperta en las cosas del mundo.

ACTIVIDAD C ¿Cierto o falso?

Vas a escuchar las descripciones de las características de algunas personas. Di si cada una es cierta o falsa.

> MODELO (*oyes*) Si una persona es creativa, se dice que es una persona imaginativa.
> ¿Cierto o falso? →
> (*dices*) Cierto.
> (*oyes*) Es cierto. Si una persona es creativa, se dice que es una persona imaginativa.

1... 2... 3... 4... 5... 6... 7... 8...

COMUNICACIÓN

PARA ENTREGAR Características y acciones

Escoge cinco de las cualidades del vocabulario **¿Cómo eres? (I)** y escribe una oración en que expresas lo que una persona que tiene esa cualidad normalmente hace o piensa. Sigue el modelo.

> MODELO Una persona conformista hace lo que hacen los demás. No quiere ser diferente.

1. _____
2. _____
3. _____
4. _____
5. _____

VOCABULARIO   ¿Cómo eres? (II)   More on describing personalities

*ACTIVIDAD D ¿Cómo es?

Al ver a una persona por primera vez solemos formarnos una impresión de su personalidad. Empareja cada dibujo a continuación con la descripción que mejor describa a la persona de cada dibujo.

a. _____

b. _____

c. _____

d. _____

e. _____

f. _____

*ACTIVIDAD E Alternativas

Escoje la respuesta que mejor se asocia con cada oración.

1. Si una persona es así (*like this*), debe evitar conflictos.
    a. gregaria
    b. extrovertida
    c. vulnerable al estrés
2. Si una persona posee esta característica, puede hacer un buen trabajo.
    a. el afán de realización
    b. la tendencia a evitar riesgos
    c. impulsiva
3. Si una persona es así, no le gusta ir a fiestas.
    a. agresiva
    b. impulsiva
    c. retraída
4. Si una persona es así, no habla mucho y no siempre expresa sus opiniones.
    a. imaginativa
    b. reservada
    c. capaz de dirigir a otros
5. Si uno es capaz de dirigir a otros, probablemente posee esta característica también.
    a. el don de mando
    b. la tendencia a evitar riesgos
    c. reservada

ACTIVIDAD F Conceptos parecidos y opuestos

Paso 1 Escribe una palabra de significado parecido y una de significado opuesto para cada concepto indicado en el bosquejo a continuación. Intenta variar el vocabulario y no repetir palabras. Cuando no encuentres una palabra apropiada, deja el espacio en blanco.

CONCEPTO	CONCEPTO PARECIDO	CONCEPTO OPUESTO
reservado	_____	_____
perezoso	_____	_____
serio	_____	_____
el don de mando	_____	_____
aventurero	_____	_____

Paso 2 Llama a un compañero (una compañera) de clase y comparte tu lista con él (ella). ¿Tienen conceptos y palabras iguales? ¿Cuáles conceptos han dejado (*have you left*) en blanco?

 **COMUNICACIÓN**

PARA ENTREGAR Descripciones

Paso 1 Utilizando el vocabulario de esta lección, describe cómo son (y cómo no son) dos de las personas en los dibujos a continuación. Escribe cinco o más oraciones sobre cada una. Utiliza **también, pero, en cambio** y otras palabras y expresiones para dar fluidez a lo que escribes. Revisa tus oraciones para ver si usas los adjetivos en la forma correcta.

Paso 2 (Optativo) Ahora, compara tu propia personalidad con la de una de las personas que describiste en el **Paso 1.**

 **IDEAS PARA EXPLORAR**

La expresión de la personalidad

G R A M Á T I C A   ¿Qué has hecho? (I)   Introduction to the present perfect

ACTIVIDAD A ¿Eres pelotero/a°?   someone who butters someone up

Paso 1 Read the questions and indicate if you have done any of the activities in your Spanish class.

		SÍ, LO HE HECHO	NO, NO LO HE HECHO
1.	¿Le has dado un cumplido (*compliment*) al profesor (a la profesora) de español?	☐	☐
2.	¿Has hecho algún proyecto para recibir crédito extra?	☐	☐
3.	¿Has ido a hablar con el profesor (la profesora) durante sus horas de oficina?	☐	☐
4.	¿Le has dado algún regalo (*gift*) al profesor (a la profesora) de español?	☐	☐
5.	¿Lo/La has invitado a tomar una copa?	☐	☐
6.	¿Has participado más de lo necesario en la clase de español?	☐	☐
7.	¿Le has dicho que la clase de español es la mejor que has tomado?	☐	☐

Paso 2 Basándome en las respuestas en el **Paso 1...**

☐ me considero pelotero/a.

☐ no me considero pelotero/a.

*ACTIVIDAD B ¿Quién lo dijo?

Listen as the speaker makes a statement. Write it down and then determine what famous historical person or literary character might have said it.

MODELO   (*you hear*) No he descubierto la fuente de la juventud. Voy a volver a Puerto Rico.
(*you write down*) No he descubierto la fuente de la juventud. Voy a volver a Puerto Rico. Ponce de León.

Cita (*Quote*)	Persona que lo dijo
1.	
2.	
3.	
4.	
5.	

ACTIVIDAD C Un adolescente típico

Paso 1   Read the list of activities that a typical adolescent might have done recently. (The check-off boxes are for **Paso 2**).

		SÍ	NO
1.	Ha ido al cine con sus amigos.	☐	☐
2.	Les ha mentido (*lied*) a sus padres.	☐	☐
3.	Ha tomado bebidas alcohólicas ilegalmente.	☐	☐
4.	Ha visto muchos programas en MTV.	☐	☐
5.	Se ha peleado (*fought*) con un hermano (una hermana).	☐	☐
6.	Se ha ido de pinta (*played hooky*).	☐	☐
7.	Ha lavado su propia ropa.	☐	☐
8.	Ha sacado la licencia de manejar.	☐	☐
9.	Ha jugado a los videojuegos.	☐	☐
10.	Ha tenido una fiesta en casa cuando sus padres estaban de vacaciones.	☐	☐
11.	Ha sacado sólo As en la escuela.	☐	☐
12.	Ha asistido a un concierto.	☐	☐

*Paso 2   Now listen to Pedro, a sixteen-year-old high school student, as he tells about what he has done recently. Take notes if you need to. After listening, go back to the list of activities in **Paso 1** and check **sí** or **no,** depending on whether Pedro has done them.

Paso 3   Now decide which statement below most accurately describes Pedro's personality.

1. ☐ Pedro es retraído y tiende a evitar los riesgos.

2. ☐ Pedro es divertido y un poco rebelde.

ACTIVIDAD D Tu personalidad

As you know from your textbook, by examining what you have done you can discover aspects of your personality.

Paso 1 Read the questions that follow and see if you can determine what the questions are attempting to uncover about your personality.

1. ¿Alguna vez has estudiado toda la tarde y toda la noche para un examen que tenías a la mañana siguiente?
2. ¿Alguna vez has tenido que escribir una composición para una clase una hora antes de que la clase comenzara, porque se te olvidó escribirla anteriormente?
3. ¿Alguna vez has llegado tarde a una fiesta porque no compraste antes el regalo que tenías que llevar?
4. ¿Alguna vez has comprado un regalo de Navidad el 24 de diciembre?
5. ¿Alguna vez has limpiado tu casa minutos antes de la llegada (*arrival*) de una visita?

In a moment you will find out what the questions are getting at, but first complete **Paso 2**.

Paso 2 Answer the preceding questions truthfully. Keep track of your answers with the check boxes.

	SÍ, VARIAS VECES	SÍ, UNA VEZ	NO, NUNCA
1.	☐	☐	☐
2.	☐	☐	☐
3.	☐	☐	☐
4.	☐	☐	☐
5.	☐	☐	☐

Paso 3 If you guessed that the questions are about a predisposition to doing things at the last minute, you were correct. Score two points for each **sí, varias veces,** one point for each **sí, una vez,** and zero points for each **no, nunca.** If your score is greater than five, you tend to do things at the last minute.

 COMUNICACIÓN

 **PARA ENTREGAR Mi nota debería° ser...**   *ought*

Do you know what your grade in Spanish class is at this point? In this **Para entregar** you are going to write to your instructor and wait for a response from him or her.

Paso 1 On a separate sheet of paper, copy the following items and complete them truthfully. You may need to look up some past work.

1. La nota más baja que he recibido en una prueba es _____.

2. He completado todas mis tareas y se las he entregado al profesor (a la profesora) a tiempo.

   sí ☐   no ☐

3. (No) He faltado a clase. ☐ mucho ☐ poco ☐ nunca

4. He estado preparado/a para la clase. ☐ siempre ☐ generalmente ☐ nunca

5. He participado en las discusiones de la clase. ☐ mucho ☐ poco ☐ nunca

6. He demostrado buena actitud en clase. ☐ siempre ☐ generalmente ☐ nunca

7. He decidido tomar más cursos de español. sí ☐   no ☐

Paso 2 Now write a short paragraph to your instructor to indicate what you think your grade is in the class. Write the composition by stringing together logically the items in **Paso 1.** Conclude the composition by saying:

Por todas estas razones, creo que mi nota debería ser _____.

GRAMÁTICA   ¿Qué has hecho? (II)   More on the present perfect

*ACTIVIDAD E ¿Qué hemos hecho?

Indicate who is more likely to have made the following statements about themselves.

1. Hemos visitado el rancho en Crawford, Texas, recientemente.
   a. Bill y Hillary Clinton
   b. George y Laura Bush
   c. Jimmy y Rosalynn Carter
2. Hemos hecho unas películas juntos.
   a. Tom Cruise y Nicole Kidman
   b. Bruce Willis y Jennifer López
   c. Tom Hanks y Penélope Cruz
3. Hemos jugado al basquetbol este fin de semana.
   a. Tiger Woods y Lee Treviño
   b. Sammy Sosa y Alex Rodríguez
   c. Shaquille O'Neal y Kobe Bryant
4. Hemos tenido mucho éxito (*success*) en el campo de las computadoras.
   a. Donald Trump y Warren Buffet
   b. Michael Dell y Bill Gates
   c. Ralph Lauren y Tommy Hilfiger
5. Hemos escrito muchas novelas populares.
   a. Dan Rather y Peter Jennings
   b. Jay Leno y David Letterman
   c. Michael Crichton y Stephen King

ACTIVIDAD F ¿Somos estudiantes activos?

Paso 1 Read the questions and indicate if you and your friends have done any of the following activities on your campus.

	SÍ, LO HEMOS HECHO.	NO, NO LO HEMOS HECHO.
1. ¿Han asistido a un partido de fútbol o basquetbol?	☐	☐
2. ¿Han vivido en la residencia estudiantil?	☐	☐
3. ¿Han sido miembros de una fraternidad o de otro club estudiantil?	☐	☐
4. ¿Han participado en deportes del tipo intramuros?	☐	☐
5. ¿Han comido en la cafetería de la universidad?	☐	☐
6. ¿Han hecho ejercicio en el gimnasio?	☐	☐
7. ¿Han visto un concierto o un drama (*play*) en el campus?	☐	☐
8. ¿Han recibido multas (*fines*) por estacionarse (*parking*) ilegalmente?	☐	☐
9. ¿Han estudiado toda la noche en la biblioteca?	☐	☐

	SÍ, LO HEMOS HECHO.	NO, NO LO HEMOS HECHO.
10. ¿Han participado en actividades extracurriculares?	☐	☐
11. ¿Han trabajado para la universidad?	☐	☐
12. ¿Han almorzado o cenado con un profesor?	☐	☐

Paso 2 Based on your answers to **Paso 1** select the phrase below that best describes you and your friends.

☐ Somos estudiantes que participan muy activamente en el campus.

☐ Somos estudiantes que participan moderadamente en las actividades del campus.

☐ No participamos absolutamente en las actividades del campus.

ACTIVIDAD G ¿Qué han hecho en clase?

Paso 1 Read the list of activities that two students might have done in a science class recently. (The check-off boxes are for **Paso 2**).

		SÍ	NO
1.	Han tenido muchos exámenes este semestre.	☐	☐
2.	Han estudiado la teoría de la relatividad.	☐	☐
3.	Han asistido a clases en un laboratorio.	☐	☐
4.	Han disecado una rana (*frog*) o una rata.	☐	☐
5.	Han hecho experimentos con substancias químicas (*chemical*).	☐	☐
6.	Han usado lentes protectores (*safety goggles*).	☐	☐
7.	Se han puesto guantes de hule (*rubber gloves*).	☐	☐
8.	Han escrito resúmenes (*summaries*) de los experimentos.	☐	☐
9.	Han hablado del efecto invernadero (*greenhouse effect*).	☐	☐
10.	Han visto bacterias con el microscopio.	☐	☐

 ***Paso 2** Now listen to one of the students talk about what she and the other person have done in science class this semester. Take notes if you need to. After listening, go back to the list of activities in **Paso 1** and check **sí** or **no**, depending on whether the people described have done them.

 **COMUNICACIÓN**

PARA ENTREGAR ¿Quiénes han hecho más en el campus?

Paso 1 Make a list of five things you and your friends have done on campus this semester.

Paso 2 Call up a friend from your Spanish class and find out if he/she and his/her friends have done the same things. Write out the five questions you will ask before calling.

Paso 3 Write a short paragraph summarizing the results from **Pasos 1** and **2.** Are you and your friends more active on campus than your classmate and his/her friends? Who resembles better the typical students who are at your university, you and your friends, or your classmate and his/her friends?

IDEAS PARA EXPLORAR
Más sobre tu personalidad

G R A M Á T I C A   ¿Te atreves a... ?

More verbs that require
a reflexive pronoun

*ACTIVIDAD A Definiciones

Match the word with its correct definition.

1. _____ Este verbo describe el acto de ridiculizar a otra persona.

2. _____ Este verbo se refiere a la manera de presentarse y de actuar, ya sea bien o mal.

3. _____ Este verbo significa **manifestar** o **expresar descontento.**

4. _____ El sinónimo de este verbo es **alabarse;** es decir, hablar bien de sí mismo o de las propias acciones.

5. _____ Este verbo significa **hacer o decir algo difícil o arriesgado** (*risky*).

6. _____ El sinónimo de este verbo es **llegar a saber;** es decir, **estar enterado** (*aware*) **de algo.**

a. darse cuenta
b. burlarse
c. jactarse
d. atreverse
e. quejarse
f. portarse

ACTIVIDAD B Ideas incompletas

Complete the following statements about yourself.

1. Siempre me porto bien cuando _____.

2. A veces me quejo de _____.

3. Nunca me atrevo a _____.

4. No me considero una persona cruel, pero a veces me burlo de _____.

5. No soy presumido/a (*conceited*), pero a veces me jacto de _____.

ACTIVIDAD C ¿Quién?

Complete the statements with names of friends/acquaintances who you think have done the following. Try to come up with a different name for each statement.

1. _____ se ha jactado de sus notas.

2. _____ se ha quejado de su peso (*weight*).

3. _____ se ha atrevido a hacer paracaidismo (*skydiving*).

4. _____ se ha portado muy mal en una clase universitaria.

5. _____ se ha burlado del presidente de los Estados Unidos.

 **COMUNICACIÓN**

 ## PARA ENTREGAR Algunas preguntas para el profesor (la profesora)

Using each verb from the list below at least once, formulate a series of questions for your instructor, to find out about things he or she has done. Remember to use the present perfect. (¡OJO! Does your instructor require that you use the formal **Ud.** when addressing him or her, or can you use the familiar **tú?** Keep this in mind when writing your questions!)

atreverse a   jactarse de
burlarse de   quejarse de
comportarse

GRAMÁTICA   ¿Es reflexivo?

Review of the pronoun **se**

*ACTIVIDAD D Una acción

Indicate whether the following statements refer to a reflexive action or whether the verb simply requires the pronoun **se.** Then decide if you agree with the statement or not.

	REFLEXIVO	REQUIERE **SE**
1. Si una persona se habla constantemente, está loca.	☐	☐
☐ Estoy de acuerdo. ☐ No estoy de acuerdo.		
2. Si una persona se jacta mucho, es arrogante.	☐	☐
☐ Estoy de acuerdo. ☐ No estoy de acuerdo.		
3. Si me atrevo a hacer paracaidismo, soy aventurero.	☐	☐
☐ Estoy de acuerdo. ☐ No estoy de acuerdo.		
4. Si me expreso muy bien soy una persona gregaria.	☐	☐
☐ Estoy de acuerdo. ☐ No estoy de acuerdo.		
5. Si el profesor se escribe notas, es metódico.	☐	☐
☐ Estoy de acuerdo. ☐ No estoy de acuerdo.		
6. Si alguien se mira mucho en el espejo, es inseguro.	☐	☐
☐ Estoy de acuerdo. ☐ No estoy de acuerdo.		
7. Si una persona se da cuenta de sus errores, es humilde.	☐	☐
☐ Estoy de acuerdo. ☐ No estoy de acuerdo.		

*ACTIVIDAD E ¿Qué hace?

You will hear a series of situations. Indicate which of the following actions best describes what the person in each situation does.

1. ☐ a. Se escribe notas. ☐ b. Se comporta bien.

2. ☐ a. Se calla (*He/She hushes.*) ☐ b. Se queja.

3. ☐ a. Se admira mucho. ☐ b. Se porta bien.

4. ☐ a. Se respeta. ☐ b. Se burla de otros.

5. ☐ a. Se conoce bien. ☐ b. Se jacta.

*ACTIVIDAD F Situaciones

Indicate which of the following options best captures the main idea in each situation.

1. A María le gusta mucho ir de compras. No puede resistir las buenas ofertas (*good sales*) y siempre sale de la tienda con muchas bolsas (*bags*). Sin embargo, María sabe muy bien que no puede ir de compras cuando no tiene suficiente dinero o cuando tiene que pagar otras cuentas (*bills*). En estos casos, no gasta nada.
   a. María se pone límites. b. María no se da cuenta de sus gastos.
2. Claudia es una persona generosa. Cuando tiene tiempo libre ayuda a los pobres de la comunidad. Además, los fines de semana va a la biblioteca y les enseña a leer y escribir a los adultos analfabetos (*illiterate*).
   a. Claudia se ofrece como voluntaria. b. Claudia se jacta de trabajar tanto.
3. A Jorge le gustan las actividades al aire libre. Practica el paracaidismo y escala montañas muy altas solo.
   a. Jorge se atreve a hacer cosas aventureras. b. Jorge se queda en casa mucho.
4. Carmelita siempre está muy tranquila cuando está en la iglesia con sus padres. No llora ni grita ni habla como otras niñas.
   a. Carmelita se expresa abiertamente. b. Carmelita se comporta bien.
5. A Marcos le gusta reírse de los demás. Si un amigo se cae, se ríe. Si un profesor tiene tiza (*chalk*) en la ropa, hace comentarios sarcásticos.
   a. Marcos se calla. b. Marcos se burla de los demás.

 **COMUNICACIÓN**

 ## PARA ENTREGAR Comparaciones

Use reflexive actions or verbs that require **se** to write a short composition in which you compare your personality with that of someone else you know. You may choose a family member, a friend, a classmate, and so on. Your composition should be about 75 words long.

> MODELO Soy una persona muy impaciente. Siempre me quejo cuando tengo que esperar. También… Mi amigo George es más calmado. Se comporta bien cuando…

VIDEOTECA:

Los hispanos hablan

Paso 1 Lee cómo se describe a sí mismo César Augusto Romero en la selección **Los hispanos hablan.** Puesto que (*Since*) César Augusto se describe como caótico, ¿qué esperas escuchar en la descripción? ¿Esperas encontrar a una persona de intereses variados o a una persona con intereses limitados?

 **Los hispanos hablan**

¿Cómo te describes a ti mismo?

NOMBRE: César Augusto Romero

EDAD: 37 años

PAÍS: Nicaragua

«Me describo como una persona bastante caótica... »

 Paso 2 Ahora escucha el segmento completo. Verifica que César Augusto es la persona que esperabas encontrar. Da uno o dos ejemplos que muestren que César Augusto es caótico.

VOCABULARIO ÚTIL

la mezcla   *mixture*
gringa   *norteamericana*

Paso 3 ¿En qué te pareces a César Augusto? Determina si tú eres caótico/a o, al contrario, si eres disciplinado/a y ordenado/a. Da uno o dos ejemplos para apoyar lo que dices.

LECCIÓN **14**

¿A quién te gustaría conocer?

En esta lección del *Manual,* vas a

◆ Practicar otra forma verbal: el *condicional*

◆ Practicar otra forma verbal: el *pasado de subjuntivo*

◆ Practicar las situaciones hipotéticas

◆ Repasar y practicar el verbo **gustar** y la **a** personal

 You can find additional quizzes to practice the grammar, vocabulary, and cultural themes covered in this lesson on the *¿Sabías que... ?* Online Learning Center website at **www.mhhe.com/ sabiasque5**.

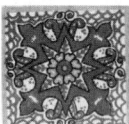

IDEAS PARA EXPLORAR

La personalidad de los famosos

VOCABULARIO

¿Qué cualidades poseían?

More adjectives to describe people

*ACTIVIDAD A Antónimos

Indica la palabra opuesta para cada palabra a continuación.

1. cobarde
    a. valiente   b. justo   c. conformista
2. dócil
    a. incierto   b. curioso   c. luchador
3. aburrido
    a. melancólico   b. realista   c. eccéntrico
4. tonto
    a. frívolo   b. astuto   c. indiferente
5. ambicioso
    a. superficial   b. de poco interés   c. serio

*ACTIVIDAD B Características semejantes

Indica la respuesta más apropiada para cada oración a continuación.

1. Si una persona es tenaz, también es _____.
    a. melancólico   b. dócil   c. determinada

2. Si una persona es superficial, también es _____.
    a. frívola   b. práctica   c. malévola

3. Si una persona es apatética, también es _____.
    a. valiente   b. incierto   c. indiferente

4. Si una persona es seductora, también es _____.
    a. encantadora   b. justa   c. de poco interés

5. Si una persona es visionaria, también es _____.
    a. soñadora   b. cobarde   c. conformista

*ACTIVIDAD C Asociaciones

Vas a escuchar unas descripciones de varias características. Indica la palabra que se asocia con cada descripción.

1. a. tonto   b. indiferente   c. cobarde
2. a. malévelo   b. eccéntrico   c. melancólico
3. a. encantador   b. soñador   c. curioso
4. a. serio   b. superficial   c. eccéntrico
5. a. valiente   b. incierto   c. justo

ACTIVIDAD D ¿Cierto o falso?

Vas a escuchar una serie de descripciones de las características de algunas personas. Di si cada una es cierta o falsa.

> MODELO (*oyes*) Si una persona nunca se pone en situaciones peligrosas para proteger a otros, se dice que es una persona cobarde.
> ¿Cierto o falso?
> (*dices*) Cierto.
> (*oyes*) Es cierto. Si una persona nunca se pone en situaciones peligrosas para proteger a otros, se dice que es una persona cobarde.

1... 2... 3... 4... 5... 6...

COMUNICACIÓN

PARA ENTREGAR Personas famosas

Escoge a dos personas (un hombre y una mujer) de la lista a continuación. Luego escribe dos o tres oraciones indicando por qué crees que esta persona (no) es/era interesante. Si deseas, puedes escoger a otra persona famosa.

> MODELO: Creo que Frida Kahlo era interesante. Era apasionada y determinada. También era melancólica pero no era indiferente. Yo admiro estas características.

Martin Luther King, Jr.	Donald Trump	Shakespeare	Michael Jordan
la Madre Teresa	Hillary Clinton	Rigoberta Menchú	El Papa Juan Pablo II

IDEAS PARA EXPLORAR
Situaciones hipotéticas

GRAMÁTICA

¿Qué harías? (I)

Introduction to the conditional tense

ACTIVIDAD A Reacciones

Paso 1 Mark how the following persons would likely react in each situation. You may select more than one reaction if it is logical to do so. Then decide if you would react the same way as the person described.

1. Una persona introvertida y perezosa, al recibir una nota baja en un examen,...

☐ hablaría con el profesor (la profesora).

☐ dejaría (*would drop*) el curso.

☐ estudiaría más en el futuro.

☐ buscaría un compañero (una compañera) de clase con quién estudiar.

☐ no se preocuparía.

☐ Yo haría lo mismo.   ☐ Yo no haría lo mismo.

2. Una persona malévola, al encontrar un gato herido (*wounded*) en la calle,…

☐ pondría un anuncio en el periódico.

☐ llamaría a la Sociedad Protectora de Animales.

☐ se quedaría con* él.

☐ hablaría con sus amigos para ver quién se quedaría con él.

☐ no haría nada.

        ☐ Yo haría lo mismo.   ☐ Yo no haría lo mismo.

3. Una persona leal y responsable, al encontrar un billete de $50,00 en el suelo (*floor*) de un restaurante,…

☐ se lo entregaría al gerente (*manager*) del restaurante.

☐ se quedaría con él sin decírselo a nadie.

☐ lo gastaría para pagar su comida.

☐ donaría el dinero a una institución caritativa (*charity*).

☐ no la recogería (*wouldn't pick it up*).

        ☐ Yo haría lo mismo.   ☐ Yo no haría lo mismo.

4. Una persona muy chismosa, al escuchar un chisme (*rumor*) sobre un conocido (*acquaintance*),…

☐ consultaría con el conocido primero para saber la verdad de la situación.

☐ esperaría un par de semanas para mencionar el asunto a otras personas.

☐ se quedaría callada (*quiet*).

☐ les hablaría por teléfono a todos sus amigos para decirles el chisme.

☐ le escribiría una carta anónima al conocido para informarle quién dijo el chisme.

        ☐ Yo haría lo mismo.   ☐ Yo no haría lo mismo.

5. Una persona cabezona y explosiva, al perder su libro de español,…

☐ compraría otro en seguida (*right away*).

☐ pediría prestado (*would borrow*) el libro de un amigo.

☐ no se preocuparía en absoluto (*at all*).

☐ se pondría muy enfadado e irritado.

☐ estudiaría con otra persona.

        ☐ Yo haría lo mismo.   ☐ Yo no haría lo mismo.

---

*In this context **se quedaría con** means *he/she would keep*.

Paso 2   Comparing your responses with those you chose for the person in each situation, which of the following best compares your reactions with those of the others?

☐ Más o menos tendríamos la misma reacción en cada caso.

☐ En algunos casos tendríamos la misma reacción; en otros, sería diferente.

☐ Tendríamos reacciones completamente diferentes.

ACTIVIDAD B ¿Queremos un perro?

Paso 1   Imagine that you are attempting to determine whether you and the person you live with should get a dog. Which of the following questions should you consider as you make your decision?

		SÍ	NO
1.	¿Quién sacaría al perro de paseo?	☐	☐
2.	¿Quién le daría de comer?	☐	☐
3.	¿Quién limpiaría el excremento que deja el perro?	☐	☐
4.	¿Quién jugaría con el perro?	☐	☐
5.	¿Dónde dormiría el perro?	☐	☐
6.	¿Dónde se quedaría el perro durante el día?	☐	☐
7.	¿Qué haríamos con el perro durante las vacaciones?	☐	☐
8.	¿Quien bañaría al perro?	☐	☐
9.	¿Quién pagaría las cuentas del veterinario?	☐	☐
10.	¿Quién entrenaría al perro?	☐	☐

Paso 2   Now listen to two different people talk about what they would or would not do if they owned a dog. Jot down their responses.

PERSONA 1   PERSONA 2

_____   _____

_____   _____

_____   _____

_____   _____

Paso 3   Which of the two people you listened to in **Paso 2** would be compatible with you as a dog owner? Name three things that you would both do that would be compatible.

☐ PERSONA 1   ☐ PERSONA 2

_____

_____

_____

ACTIVIDAD C En una situación parecida...

Listen as the speaker describes a situation and how he reacted. Then indicate what you would do or say in a similar situation.

1. En una situación parecida, yo...

   ☐ haría lo mismo.   ☐ haría algo diferente.   ☐ no haría nada.

2. En una situación parecida, yo...

   ☐ diría lo mismo.   ☐ no diría nada.

3. En una situación parecida, yo...

   ☐ buscaría otro restaurante.   ☐ me quedaría en el restaurante.

4. En una situación parecida, yo...

   ☐ tendría mucha hambre.   ☐ no tendría tanta hambre.

5. En una situación parecida, yo...

   ☐ podría vivir con esa persona sin problema.   ☐ no podría vivir con esa persona.

6. En una situación parecida, yo...

   ☐ bajaría del autobús también.   ☐ le diría algo.   ☐ no haría nada.

ACTIVIDAD D En otras circunstancias...

You are once again called on to speak for the class.

Paso 1   Check off those items in the list that you think are true for the class.

1. ☐ Al tener la oportunidad, muchos harían trabajo extra para la clase.

2. ☐ Con más tiempo o dinero, muchos estudiarían en España o México.

3. ☐ Al tener el examen final mañana, muchos tendrían que estudiar toda la noche.

4. ☐ En caso de urgencia, muchos podrían ayudar a una persona que no supiera (*didn't know how*) hablar inglés.

5. ☐ Al no ser necesario, muchos no asistirían a clases los viernes.

6. ☐ Al buscar un trabajo, muchos escribirían «Sí, hablo español» en la solicitud (*job application*).

Paso 2   For each item in **Paso 1,** write a corresponding sentence for yourself.

MODELO   Con más dinero, estudiaría en la Argentina.

1. _____

2. _____

3. _____

4. _____

5. _____

6. _____

COMUNICACIÓN

PARA ENTREGAR Situaciones

Select one of the following situations and respond to it in a composition of approximately 50 words.

SITUACIÓN 1

Un profesor te informa que vas a sacar una D en su clase, la cual es requisito (*requirement*) para tu carrera (*major*). Te da la opción de recibir una B si haces un trabajo (*paper*) extra de 25 páginas durante las vacaciones de Navidad. Sin embargo, tus padres van a pasar toda la vacación viajando por Europa y quieres acompañarlos. ¿Qué harías en esta situación? ¿Aceptarías la oferta del profesor o te quedarías con una D? ¿harías el viaje? ¿Cómo y cuándo harías el trabajo?

SITUACIÓN 2

Un tío que murió te ha dejado 200 mil dólares bajo la siguiente condición: tienes que pasar el resto de tu vida viviendo en su casa. Tu tío construyó la casa con sus propias manos y no quería que un extranjero (*stranger*) la ocupara. Sin embargo la casa está en Seattle y tus hijos y tu esposo/a están contentos donde viven Uds. ahora, en Florida. Tú eres la única familia que tenía tu tío. ¿Qué harías en esta situación? ¿Le convencerías a tu familia a mudarse? ¿Venderías la casa de tu tío?

SITUACIÓN 3

Imagina que podrías casarte con cualquier persona famosa del mundo. ¿Con quién te casarías y por qué? ¿Qué harías para conquistar a esa persona? ¿Harías algo especial para impresionar a esa persona en la primera cita? Si la persona famosa ya está casada, ¿qué harías o qué le dirías para convencerle a divorciarse y casarse contigo?

GRAMÁTICA

¿Y si pudieras... ?

Introduction to the past subjunctive

*ACTIVIDAD E Si fuera diferente la situación...

Match the following statements in column A with statements in column B to form logical sentences about the things Margarita would do if the following situations about her college life came about or could be changed.

A

1. _____ Si fuera adolescente otra vez...

2. _____ Si recibiera otro préstamo (*loan*)...

3. _____ Si viera a su ex novio de nuevo...

4. _____ Si estudiara en España otra vez...

5. _____ Si pudiera tomar el SAT de nuevo...

6. _____ Si viviera en la residencia estudiantil otra vez...

7. _____ Si no tuviera que trabajar de tiempo completo (*full time*)...

B

a. le diría «Perdóname. Lo siento mucho».
b. tomaría más cursos cada semestre.
c. escucharía más los consejos de mis padres.
d. tomaría un curso intensivo para prepararse bien.
e. no lo gastaría en ropa y en salir con sus amigos.
f. haría más esfuerzos para conversar con hispanohablantes nativos.
g. pediría un cuarto sencillo para no tener compañera de cuarto.

ACTIVIDAD F Si fuera a un psicoanalista

Paso 1 De niño, ¿cómo te sentías antes del primer día de clases? Marca las oraciones apropiadas.

☐ Sentía una gran ansiedad.   ☐ Estaba muy contento/a.

☐ Me ponía triste.   ☐ _____

☐ Me ponía nervioso/a.

Paso 2 ¿Y qué harías en el presente si sintieras una gran angustia?

☐ Consultaría con un psicólogo.   ☐ No haría nada en particular.

☐ Les pediría ayuda a mis amigos.   ☐ _____

☐ Me iría de vacaciones.

ACTIVIDAD G Situaciones

Indicate what you would do in the following situations. Check all options that apply.

1. Si consiguiera un trabajo que pagara muy bien después de graduarme...

   ☐ regalaría (*give as a gift*) dinero a mi universidad.

   ☐ compraría un coche de lujo (*luxury car*).

   ☐ pagaría mis préstamos (*loans*).

   ☐ ahorraría (*I would save*) dinero para ir a la escuela graduada o profesional.

   ☐ ¿ ? _____ .

2. Si fuera maestro/a de español...

   ☐ asignaría más composiciones.

   ☐ pasaría (*I would show*) más películas en clase.

   ☐ enseñaría la clase en un solo día por cuatro horas seguidas (*in a row*).

   ☐ haría más actividades culturales que gramaticales.

   ☐ ¿ ? _____ .

3. Si supiera que alguien me pusiera los cuernos*...

   ☐ cortaría con (*I would break up with*) esa persona inmediatamente y jamás volvería con (*I would never get back together with*) él (ella).

   ☐ le pediría una explicación y luego lo (la) perdonaría.

   ☐ le pondría los cuernos también para vengarme (*get revenge*).

   ☐ saldría con otra persona para olvidarme del dolor (*pain*).

   ☐ ¿ ? _____ .

---

*__Ponerle los cuernos a alguien__ (*To give someone the horns*) is an idiomatic expression meaning *to cheat on someone*.

4. Si tuviera más tiempo libre...

☐ vería más televisión.

☐ iría de compras.

☐ leería libros o revistas.

☐ haría un viaje a otro país.

☐ ¿ ?_____.

5. Si me saliera una erupción en la piel (*I broke out in a skin rash*)...

☐ iría a la sala de emergencia.

☐ le pondría una crema o pomada (*ointment*).

☐ me lavaría la piel con jabón (*soap*) y agua.

☐ esperaría unos días y después llamaría al doctor.

☐ ¿ ? _____.

COMUNICACIÓN

PARA ENTREGAR Si fuera presidente de la universidad...

If you were president of the university or college you attend, how would life on campus be different? Write a short composition in which you mention at least three things that would be different. Explain why each change would be necessary

MODELO   Si yo fuera presidente de la Universidad de X, extendería la fecha límite (*deadline*) para dejar una clase hasta la semana 12 del semestre. Este cambio sería necesario porque muchos estudiantes no saben sus notas en un curso hasta muy tarde en el semestre.

IDEAS PARA EXPLORAR

En busca de personas conocidas

GRAMÁTICA

¿A quién... ?   Review of the object marker **a**

*ACTIVIDAD A Alternativas

Select one of the alternatives to complete each sentence logically. Note the use of the personal **a** in each question and answer.

1. Si una persona tiene el afán de realización, ¿a quién admiraría probablemente?
   a. a Bill Gates   b. a Charlie Brown
2. Si una persona quiere hacer películas, ¿a quién le gustaría conocer?
   a. a George Bush   b. a Steven Spielberg

3. Si una persona es rebelde e independiente, ¿a quién detestaría probablemente?
   a. a cualquier persona conformista   b. a todas las personas eccéntricas
4. Si una persona es visionaria y curiosa, ¿a quién admiraría probablemente?
   a. a Leonardo da Vinci   b. a Britney Spears
5. Si una persona no quiere ser indiferente en la vida, ¿a qué tipo de persona debería evitar como amigo?
   a. a las personas frívolas   b. a las personas serias

 **COMUNICACIÓN**

PARA ENTREGAR El respeto

Paso 1 Choose one of the categories below and write the names of two well-known people who belong in the category. One should be a person you respect and the other, one you do not.

> actores/actrices
> politícos/políticas (*politicians*)
> cantantes (*singers*)
> jugadores/jugadoras de un deporte
> anfitriones/anfitrionas (*hosts*) de un programa de televisión o radio

 Paso 2 Now write a short paragraph in which you compare the two people you selected from one of the categories above. Mention the personality traits you respect or detest in each person and/or what that person has done in life that you find appealing or appalling.

> MODELO   Respeto a Michael Jordan porque es… Detesto a Dennis Rodman porque es…

GRAMÁTICA

¿Te gustaría… ?

Review of the verb **gustar**

*ACTIVIDAD B Gustos

Listen to the speaker as he expresses his likes and dislikes. Indicate which of the options below is the subject of the sentence. Then decide if this statement applies to you.

			SÍ, ME APLICA.	NO ME APLICA.
1. _____ a. la música jazz	b. los libros de suspenso		☐	☐
2. _____ a. el basquetbol	b. las películas extranjeras (*foreign*)		☐	☐
3. _____ a. navegar la Red	b. los programas tipo *talk show*		☐	☐
4. _____ a. fumar	b. las bebidas alcóholicas		☐	☐
5. _____ a. el hockey	b. las actividades artísticas		☐	☐

*ACTIVIDAD C Sugerencias

You will hear a series of statements made by a Spanish speaker visiting the United States for the first time. Based on her likes and dislikes, make a logical suggestion about what she would or would not like.

1. Si te gustan esas películas, te gustaría...

   a. ☐ *Natural Born Killers.*

   b. ☐ *Sleepless in Seattle.*

   c. ☐ *Austin Powers.*

2. Si te gusta ese tipo de música, te gustaría...

   a. ☐ Yo-Yo Ma.

   b. ☐ Mariah Carey.

   c. ☐ Ozzy Osbourne.

3. Te gustarían mucho...

   a. ☐ Stephen King y Dean Koontz.

   b. ☐ Danielle Steele y Nicholas Sparks.

   c. ☐ Tom Clancy y Michael Crichton.

4. Entonces no te gustaría...

   a. ☐ Texas.

   b. ☐ Minnesota.

   c. ☐ Florida.

5. Entonces te gustarían...

   a. ☐ Indianapolis y Kansas City.

   b. ☐ Nueva York y San Francisco.

   c. ☐ Nashville y Dallas.

*ACTIVIDAD D ¿Con quién serías compatible?

Imagine that you are a professional matchmaker for well-known people who don't have time to date but who want to meet another famous person. Read the anonymous letters below and then select the famous person who would be most compatible.

1. Me gustaría conocer un hombre serio y determinado, un hombre profesional y sabio. No me gustaría alguien joven e indeciso.

   Serías compatible con...
   a. Dennis Rodman   b. Tom Brokaw   c. Jim Carrey

2. Me gustaría conocer una mujer no muy eccéntrica, una persona sincera, sensible y equilibrada. No me gustan las personalidades extremas.

   Serías compatible con...
   a. Courtney Love   b. Nicole Kidman   c. Paris Hilton

3. Me gustaría conocer un hombre valiente y muy apasionado, alguien seguro y deciso en situaciones delicadas.

    Serías compatible con...
    a. Nelson Mandela
    b. Homer Simpson
    c. Adam Sandler

4. Me gustaría conocer una mujer divertida, rebelde y seductora, nadie conservadora o aburrida.

    Serías compatible con...
    a. Condoleeza Rice
    b. Martha Stewart
    c. Lindsey Lohan

 **COMUNICACIÓN**

 PARA ENTREGAR Un hispano famoso

Write a paragraph of about 50 words in which you mention a person of Hispanic origin whom you would like to meet. Be sure to mention the personality traits that you like in that person. You may choose a person from the list below or another famous Hispanic of your choice.

Salma Hayek	Pedro Almodóvar	Sammy Sosa	Antonio Banderas
Jennifer López	Benicio del Toro	Penélope Cruz	Rigoberta Menchú
Oscar de la Renta	Shakira	Carolina Herrera	Isabel Allende
Vicente Fox	Luis Miguel	Henry Cisneros	Gabriel García Márquez

MODELO   Me gustaría conocer a ...

 # VIDEOTECA:
Los hispanos hablan

Paso 1   Lee lo que dice Clara Burgo sobre cómo sería vivir en otra época.

 ## Los hispanos hablan

Si pudieras vivir en otra época, ¿cuál sería?

NOMBRE: Clara Burgo

EDAD: 26 años

PAÍS: España

«Me gustaría vivir en el futuro, por ejemplo en el siglo XXII por la curiosidad de saber qué inventos habrá[a] en aquella época y cómo cosas que para nosotros ahora son normales entonces habrán desaparecido[b] y qué nuevas cosas surgirán.[c] Y... »

[a]*there will be*   [b]habrán... *will have disappeared*   [c]*will surface*

*Paso 2   Ahora escucha el segmento sobre Clara y luego contesta las siguientes preguntas.

1.   ¿Qué razón da Clara por no querer vivir en el pasado?
2.   Por su tono y manera de hablar, ¿crees que Clara es optimista o pesimista en cuanto al futuro?
3.   ¿Con cuál de las siguientes oraciones estás de acuerdo?

   ☐ a. Si pudiera, me gustaría vivir un día en el futuro.

   ☐ b. Si pudiera, me gustaría vivir un día en el pasado.

Paso 3   Ahora lee lo que dice Carlos Miguel Pueyo sobre qué persona famosa le gustaría conocer.

Los hispanos hablan

¿A qué persona famosa te gustaría conocer?

NOMBRE: Carlos Miguel Pueyo

EDAD: 27 años

PAÍS: España

«La otra persona que me hubiera gustado[a] conocer es Francisco de Goya y Lucientes. Fue un pintor del siglo XVIII español que nació en Fuendetodo —es un pueblo en la provincia de Zaragoza de donde yo soy— y me interesa mucho tanto su vida como su obra.[b] Su vida fue muy interesante por el momento histórico que le tocó vivir[c] porque se coordinó con los personajes más importantes políticos e históricos del momento. Y su pintura... »

[a]me... *I would have liked*   [b]*work*   [c]*le... he was chosen to live in*

 *Paso 4   Ahora escucha el segmento sobre Carlos y contesta las siguientes preguntas.

1.   ¿Qué adjetivos usa Carlos para describir la primera etapa (*stage*) de la obra de Goya?
2.   ¿Qué adjetivos usa para describir la segunda etapa?
3.   ¿Qué artista te interesa más a ti? ¿Se le pueden aplicar algunos de los adjetivos de las preguntas 1 y 2 a la obra de tu artista favorito/a?

LECCIÓN 15

¿Innato o aprendido?

En esta lección del *Manual,* vas a

◆ Practicar a dar y a seguir instrucciones para ir a un lugar

◆ Practicar ciertas preposiciones

◆ Practicar **por** y **para** otra vez

◆ Practicar **lo** + adjetivo

◆ Escuchar un artículo sobre el chimpancé

 You can find additional quizzes to practice the grammar, vocabulary, and cultural themes covered in this lesson on the *¿Sabías que… ?* Online Learning Center website at **www.mhhe.com/sabiasque5**

 # IDEAS PARA EXPLORAR

De aquí para allá

VOCABULARIO

¿Dónde está la biblioteca?

Telling where things are

ACTIVIDAD A En la clase de español

¿Suelen sentarse los estudiantes en la misma silla todos los días? (¡Es verdad que somos muy rutinarios!) Da los nombres de los estudiantes que se sientan a tu alrededor (*around you*) en la clase de español.

1. _____ se sienta a mi lado.

2. _____ se sienta enfrente de mí.

3. _____ se sienta detrás de mí.

4. _____ se sienta cerca de mí.

5. _____ se sienta lejos de mí.

ACTIVIDAD B Lugares importantes en tu vida

Completa las siguientes oraciones con respecto a tu ciudad.

1. Al lado del banco donde tengo mi cuenta corriente (*checking account*) hay _____.

2. Mi tienda favorita está cerca de _____.

3. Detrás de la peluquería (*hair salon*) hay _____.

4. Al lado de la biblioteca hay _____.

5. El supermercado está lejos de _____.

6. Mi restaurante favorito está cerca de _____.

7. Enfrente de mi casa hay _____.

8. Mi parque favorito está cerca de _____.

9. Detrás del gimnasio donde hago ejercicio hay _____.

*ACTIVIDAD C ¿Qué se describe?

Escoge la mejor respuesta.

1. Al lado de este lugar hay un restaurante elegante. Detrás, hay un callejón (*alley*) por donde van y vienen los muchos empleados que trabajan aquí. Enfrente siempre hay taxis estacionados (*parked*).

   Se describe ____.   a. un hospital   b. un hotel   c. una iglesia

2. Enfrente de este edificio hay un pequeño estacionamiento exclusivamente para las personas que hacen visita. (Los empleados estacionan su auto al lado del edificio.) Detrás del edificio hay un gran espacio al aire libre donde se puede hacer deporte.

Se describe _____.   a. una escuela   b. un hospital   c. un supermercado
                         primaria

3. Este objeto se puede encontrar en cualquier casa. Muchas personas ponen una mesa enfrente de este objeto. A veces, hay una mesa pequeña al lado. Detrás de este objeto hay casi siempre una pared (wall).

Se describe _____.   a. un televisor   b. una cama   c. un sofá

*ACTIVIDAD D Situaciones

Escucha estas conversaciones y luego contesta las preguntas.

SITUACIÓN 1

1. Esta conversación probablemente tiene lugar en _____.
   a. la estación de policía   b. la recepción de   c. el baño de una casa
                                        un hotel   particular

2. El hombre le sugiere a la mujer que tome un taxi porque _____.

SITUACIÓN 2

1. Esta conversación probablemente tiene lugar en _____.
   a. un banco   b. una oficina   c. la calle

2. El señor puede ir caminando hasta el lugar que busca porque _____.

ACTIVIDAD E ¿Sí o no?

Según tu experiencia, responde **sí** o **no** a cada afirmación.

		SÍ	NO
1.	Se prohíbe estacionar el auto enfrente de una estación de bomberos (firehouse).	☐	☐
2.	Los callejones se encuentran detrás de los edificios y no enfrente de ellos.	☐	☐
3.	Las plantas nucleares suelen estar al lado de un río o muy cerca de un lago.	☐	☐
4.	Las plantas nucleares suelen estar lejos de los centros urbanos.	☐	☐
5.	En los países que tienen costas marítimas, en verano suele hacer más calor cerca del océano que en el interior del país.	☐	☐

COMUNICACIÓN

PARA ENTREGAR Según tu experiencia

Siguiendo las ideas de la actividad anterior, en una hoja aparte escribe una oración de tipo **sí/no** para cada una de las siguientes ideas. Utiliza las frases **al lado (de)**, **enfrente (de)**, etcétera, en tus oraciones.

1. otro lugar enfrente del cual no se puede estacionar
2. otras cosas que se pueden encontrar detrás de un edificio
3. otras cosas que suelen estar al lado de un río o de un lago
4. otros lugares que suelen estar lejos de los centros urbanos
5. tipos de negocios que se encuentran cerca de la costa de algunos lugares

VOCABULARIO

¿Cómo se llega al zoológico?

Giving and receiving directions

*ACTIVIDAD F En el viejo San Juan

A continuación hay un plano de la zona antigua de San Juan llamada el viejo San Juan. En el plano están indicadas las rutas de tres turistas que están visitando la ciudad. Estudia las rutas y luego empareja cada una con la descripción correspondiente.

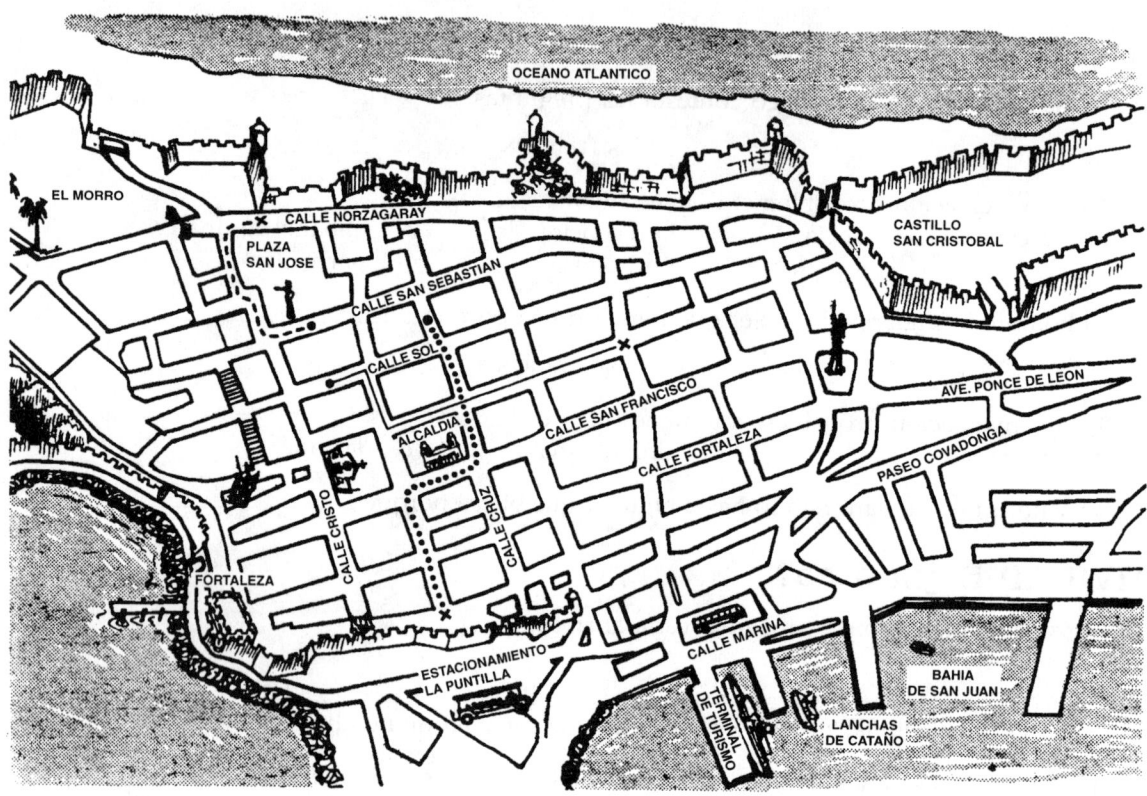

ruta del primer turista: _____
ruta del segundo turista: _ _ _ _ _ _ _ _ _ _
ruta del tercer turista: . . . .
Nota: «x» indica dónde comienza la ruta y «•» indica dónde termina.

1. _____ primer turista

2. _____ segundo turista

3. _____ tercer turista

a. Esta persona sigue derecho algunas cuadras y luego dobla a la derecha. En la próxima bocacalle, dobla a la izquierda y sigue derecho algunas cuadras más.

b. Esta persona sigue derecho hasta la primera bocacalle que encuentra. Luego dobla a la izquierda. Sigue derecho algunas cuadras y luego dobla a la izquierda de nuevo.

c. Esta persona sigue derecho algunas cuadras y luego dobla a la derecha. En la próxima bocacalle dobla a la izquierda.

ACTIVIDAD G ¿Dónde te encuentras?

Paso 1 Usando el plano del viejo San Juan que está en la **Actividad F,** sigue las direcciones y luego indica dónde te encuentras.

1. Estás en la esquina de las calles Cristo y San Francisco mirando hacia el norte. Caminas tres cuadras y doblas a la derecha. Luego caminas dos cuadras más. ¿En qué esquina te encuentras?

     _____

2. Estás en la Fortaleza y comienzas a caminar por la calle San Francisco. Sigues derecho y pasas dos bocacalles y en la tercera doblas a la izquierda. Sigues derecho por la misma calle y dos bocacalles después de la Alcaldía paras (*you stop*). ¿Dónde te encuentras?

     _____

3. Estás en el Castillo San Cristóbal. Sales del Castillo y sigues derecho por la calle Norzagaray hasta llegar a la Plaza San José. Allí doblas a la izquierda y sigues derecho hasta pasar dos bocacalles. ¿Dónde te encuentras?

     _____

Paso 2 Ahora escucha las mismas direcciones en el programa auditivo. Luego vas a oír dónde te encuentras. ¿Sabes dónde estás o te has perdido (*did you get lost*)?

ACTIVIDAD H Una conversación

*Paso 1 Vas a escuchar una conversación telefónica entre dos personas. Escucha la conversación una vez e indica cuál de las siguientes afirmaciones es la más probable.

VOCABULARIO ÚTIL

piedra   *stone*

☐ Gonzalo va a caminar.

☐ Gonzalo va a ir en carro.

Paso 2 Escucha la conversación otra vez. Toma apuntes como si tú fueras Gonzalo. Puedes usar el espacio a continuación.

_____

_____

_____

_____

_____

_____

_____

_____

_____

*Paso 3 Con los apuntes que tomaste, haz un pequeño plano de cómo se llega a la casa de Alejandro.

ACTIVIDAD I Símbolos

Paso 1 Escribe una oración para explicar lo que representa cada símbolo a continuación.

MODELOS   El símbolo indica que se debe seguir derecho.
El símbolo representa una esquina.

1. 2. 3. 4. 5.

1. _____

2. _____

3. _____

4. _____

5. _____

Paso 2 Escucha el programa auditivo para verificar tus respuestas.

COMUNICACIÓN

PARA ENTREGAR Desde la universidad...

Escoge dos de los siguientes lugares y, en una hoja aparte, explícale al profesor (a la profesora) cómo llegar allí desde la universidad.

1. a tu apartamento o casa (si no vives en una residencia estudiantil)
2. a un restaurante que le recomiendas
3. al banco donde depositas tu dinero
4. a una oficina importante
5. a un cine

IDEAS PARA EXPLORAR
Lo interesante

GRAMÁTICA

¿Por dónde?

Por and **para** used with spatial relationships

*ACTIVIDAD A ¿Por dónde se pasa?

Match each phrase from column A with an appropriate phrase from column B to form a logical sentence.

A

1. ____ Para viajar de Austin a San Diego en coche, tienes que pasar

2. ____ Para ir de Nueva York a Europa en crucero, tienes que pasar

3. ____ Para ir de Nebraska a Los Ángeles en coche, tienes que pasar

4. ____ Para ir de San Francisco a Hawaii en barco, tienes que pasar

5. ____ Para ir de Chicago a Los Ángeles en coche, tienes que pasar

B

a. por el Océano Pacífico.
b. por la famosa Ruta 66.
c. por el desierto Sonora.
d. por el Océano Atlántico.
e. por las montañas Rocosas (*Rocky*).

 **COMUNICACIÓN**

PARA ENTREGAR ¿Por dónde se pasa?

Read each statement below.

Paso 1 Para llegar a mi universidad se tiene que pasar...

1. por el centro (*downtown*) de la ciudad.
2. por un barrio peligroso (*dangerous neighborhood*).
3. por enfrente de un cementerio.
4. por una calle con muchos semáforos (*stoplights*).
5. por enfrente de un parque o cancha (*field*) deportiva.
6. por un área rural donde hay fincas (*farms*) o arboledas (*woods*).
7. por enfrente de muchos restaurantes.
8. por caminos (*roads*) que están en construcción.

Paso 2 Now select five and write out a true statement based on the models below. Be sure to use **por** and **para** correctly.

MODELOS Para llegar a la universidad, se tiene que pasar por el centro si uno viene por la calle Main.
Para llegar a la universidad, no es necesario pasar por un cementerio. Todos los cementerios están fuera de la ciudad.

GRAMÁTICA

¿Qué es lo curioso de esto?

Lo + Adjective

*ACTIVIDAD B ¿Es lógico?

Read the statements below and decide if they are logical or not.

	ES LÓGICO.	NO ES LÓGICO.
1. Sobre ser extrovertido: Lo bueno es tener muchos amigos.	☐	☐
2. Sobre ser estudiante: Lo difícil es sacar sólo As todos los semestres.	☐	☐
3. Sobre alguien que se cae: Lo más sensible es burlarse de él.	☐	☐
4. Sobre los huracanes: Lo triste es la destrucción y las muertes que causan.	☐	☐
5. Sobre el ejercicio: Lo peor es quitarse el estrés y sentirse bien.	☐	☐
6. Sobre los chismes: Lo más prudente es decírselos a todo el mundo.	☐	☐

ACTIVIDAD C Sugerencias

You will hear a series of situations. Decide which solution you think is best for each situation.

1. Lo más prudente sería...

    a. decirle la verdad.

    b. presentarlo (*introduce him*) a otras amigas.

    c. darle pretextos (*excuses*) hasta que se dé por vencido (*he gives up*).

    d. _____

2. Lo más práctico es...

    a. pedirle una extensión al profesor.

    b. desvelarte (*stay up*) toda la noche para terminarlo.

    c. decirle al profesor que estás enferma y que no puedes venir a clase.

    d. _____

3. Lo mejor es...

    a. quejarse al jefe del departamento.

    b. dejar (*drop*) la clase.

    c. confrontarle directamente en su oficina.

    d. _____

4. Lo impresionante sería...

    a. comprarle flores.

    b. invitarla a cenar en un restaurante de cuatro estrellas (*stars*).

    c. regalarle un viaje a Acapulco.

    d. _____

*ACTIVIDAD D Situaciones

You will hear the second part of a sentence in which the speaker recommends a course of action. For each action you hear, choose the situation that is most likely the first part of the sentence.

1. a. Si alguien estornuda (*sneezes*)...
   b. Si alguien te saluda...
   c. Si alguien te da un cumplido (*compliment*)...
2. a. Si sabes que vas a faltar una clase...
   b. Si sacas una A en un examen...
   c. Si vas a llegar a clase a tiempo...
3. a. Cuando alguien está preocupado...
   b. Cuando alguién tiene gripe (*flu*)...
   c. Cuando alguién se aburre...
4. a. Si quieres ver películas en casa...
   b. Si vas a nadar en la piscina...
   c. Si tienes que caminar mucho por la ciudad...
5. a. Si alguien te invita a tomar un café...
   b. Si alguien te invita al cine...
   c. Si alguien te invita a cenar en su casa...

COMUNICACIÓN

PARA ENTREGAR Lo bueno y lo malo

Paso 1 In a previous lesson you learned about nuclear and extended families. In this activity you will revisit this theme and comment more on family sizes. First, choose the option that best describes the type of family you have.

☐ Tengo una familia pequeña.

☐ Tengo una familia mediana.

☐ Tengo una familia grande.

Paso 2 Now use some of the phrases below to write a short composition in which you describe the good and bad things about the size of your family.

| lo bueno/lo mejor | lo (más) importante | lo curioso |
| lo malo/lo peor | lo (más) difícil | lo ideal |

MODELO Tengo una familia muy grande. Somos diez personas en total. Lo bueno de tener una familia grande es... Lo más difícil de tener una familia grande es...

VAMOS A VER

Nuestro «primo», el chimpancé

ANTICIPACIÓN

Paso 1   Vas a escuchar un artículo titulado «Nuestro "primo", el chimpancé». ¿En qué nos parecemos los hombres a los chimpancés? Escribe tres oraciones usando un elemento de cada columna a continuación para dar tu opinión.

A		B
Nos parecemos		socialmente
	a los chimpancés	psicológicamente
No nos parecemos		biológicamente

Paso 2   La verdad es que compartimos algunas características físicas con los chimpancés. En el breve artículo que aparece a continuación, se comparan los músculos faciales y el cerebro del chimpancé con los del hombre. Mira los dibujos y lee el texto. Luego, contesta las siguientes preguntas.

1. Los músculos faciales del chimpancé son...
   a. semejantes a los del hombre con respecto a la disposición y estructura.
   b. diferentes de los del hombre con respecto a la disposición y estructura.
2. El cerebro del chimpancé es...
   a. más grande que el del hombre.
   b. más pequeño que el del hombre.

VOCABULARIO ÚTIL

salvo   *except*
vivo retrato   *living portrait*

UNA CUESTIÓN EVOLUTIVA

LOS MÚSCULOS FACIALES

Al igual que ocurre con los órganos del cuerpo—salvo el cerebro—, tampoco se dan grandes diferencias entre los complicados músculos de la cara de un hombre y un chimpancé; sólo en su tamaño, no en su disposición. Gracias a ello, los antropoides consiguen formar con su cara expresiones muy parecidas a las nuestras. Pueden llegar a ser nuestro vivo retrato.

LA CAVIDAD CRANEANA

Como muestra la ilustración, el cerebro humano es considerablemente mayor que el de un mono antropoide. El hombre cuenta con aproximadamente 1.300 cm^3, aunque está demostrado que sólo el volumen no es indicativo de mayor inteligencia.

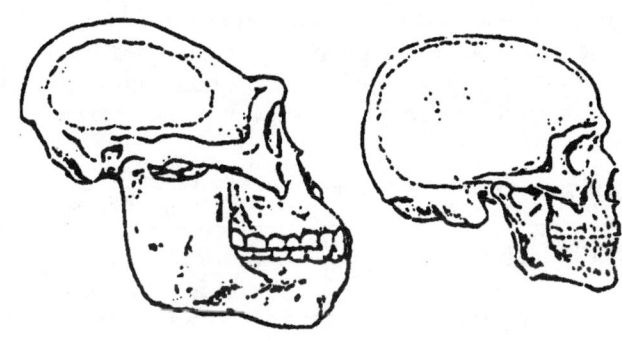

EXPLORACIÓN

Paso 1   Ahora escucha el programa auditivo. Por el momento, no te preocupes por los detalles. Trata de captar las ideas generales. ¿Puedes verificar las oraciones que escribiste en el **Paso 2** de **Anticipación**?

Paso 2   ¿De cuáles de los siguientes temas se habló en el programa auditivo?

☐ el interés histórico en las semejanzas y diferencias entre el chimpancé y el ser humano

☐ las semejanzas y diferencias entre el ser humano y el chimpancé con respecto al comportamiento social de ambos

☐ la base genética de las semejanzas entre el ser humano y el chimpancé

Paso 3 Vuelve a escuchar el programa auditivo. Esta vez, presta más atención y toma apuntes si quieres.

VOCABULARIO ÚTIL

la piel	*skin*
un par	*pair*
grueso	*thick*

Paso 4 Contesta las siguientes preguntas según lo que has escuchado.

1. ¿Se clasifican al ser humano y al chimpancé en la misma familia zoológica? ¿Es reciente la clasificación que existe?

_____

_____

2. Con respecto a su anatomía, ¿se parecen el chimpancé y el hombre interna y externamente o sólo externamente?

_____

_____

3. ¿Quién tiene más cromosomas, el chimpancé o el ser humano?

_____

_____

Paso 5 Con la información que tienes hasta el momento, llena la siguiente tabla para organizar la información que has escuchado. Escribe una frase que resume la importancia de cada científico o el mayor descubrimiento. También debes agregar unos datos que te ayuden a recordar algunos detalles. La información acerca de Carl von Linné se da como modelo. Si hay algo que no puedas recordar, escucha la narración otra vez.

PERSONA/TEMA	RESUMEN/IMPORTANCIA	OTRAS IDEAS
Carl von Linneo	Inventó un sistema para clasificar a los animales.	el chimpancé y el hombre en la misma familia zoológica
Tomás Huxley y Arthur Keith		
Adolf Schultz		
la genética		

SÍNTESIS

Con la información que obtuviste en **Exploración,** escribe una composición breve, explicando el significado del título «Nuestro ‹primo›, el chimpancé».

VIDEOTECA:

Los hispanos hablan

*Paso 1   Lee lo que dice Diana González sobre cómo la genética y el ambiente influyen en nuestra personalidad. Luego contesta las siguientes preguntas.

1. ¿Son parecidas o distintas las dos hijas de Diana?
2. Cuando Diana empieza a explicar el posible origen de la personalidad de cada hija, ¿se refiere a factores ambientales o genéticos?

Los hispanos hablan

¿Cuál es más importante en el desarrollo de la personalidad: la genética o el ambiente?

NOMBRE: Diana González

EDAD: 37 años

PAÍS: Puerto Rico

«O.K. ¿Qué es más importante en el desarrollo de la personalidad? ¿La genética o el ambiente? No puedo escoger ni el uno ni el otro. Tengo que decir que ambos influyen creo que por igual en el desarrollo de la personalidad. Y lo digo porque tengo dos niñas, una de 12 años y una de 3. Y con la primera yo le dedicaba mucho, mucho tiempo —le leía, me la llevaba a todos sitios. Con la pequeña le dedico menos tiempo y ambas han desarrollado una personalidad muy distinta. La primera es... »

*Paso 2   Ahora escucha el segmento completo. Luego contesta las siguientes preguntas.

VOCABULARIO ÚTIL

peleona   *combative*
amoldar   *to mold*

1. ¿Cuál de las dos niñas se parece más a Diana?
2. ¿A quién se parece la segunda niña?
3. Da unos adjetivos para describir a cada niña.

*Paso 3   Algunos estudios sugieren que el orden de nacimiento influye en la personalidad de uno. Lee las siguientes tendencias reportadas en algunos estudios y contesta las preguntas que siguen.

- **El hijo mayor:** con afán de realización, agresivo, celoso, conservador, inquieto, organizado, responsable, serio
- **El del medio:** independiente y rebelde
- **El menor:** cariñoso, dependiente, divertido, relajado, sensible, tenaz, con tendencia a buscar la atención de otros
- **El hijo único:** criticón, organizado, perfeccionista

1. ¿Siguen las hijas de Diana estas tendencias?
2. En tu familia, ¿hay evidencia de estas tendencias?

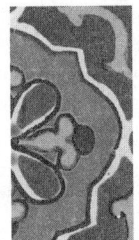

UNIDAD SEIS
Hacia el futuro

LECCIÓN 16

¿Adónde vamos?

En esta lección del *Manual,* vas a

◆ Practicar vocabulario relacionado con la ropa y los viajes

◆ Practicar más verbos reflexivos

◆ Practicar mandatos formales

◆ Repasar el *condicional* y hablar de lo que harías y no harías en situaciones hipotéticas

You can find additional quizzes to practice the grammar, vocabulary, and cultural themes covered in this lesson on the *¿Sabías que... ?* Online Learning Center website at **www.mhhe.com/sabiasque5**.

 **IDEAS PARA EXPLORAR**

La ropa

VOCABULARIO

¿Cómo te vistes?

Talking about clothing

*ACTIVIDAD A Algunas asociaciones

Paso 1 Mira con atención las fotografías y cuadros que aparecen en **Vocabulario ¿Cómo te vistes?** del libro de texto. (Por el momento no te preocupes por el **Vocabulario útil**.) Luego indica con qué parte del cuerpo (*body*) suele asociarse cada una de las siguientes prendas de ropa.

1. _____ la chaqueta
2. _____ las medias
3. _____ los zapatos
4. _____ el vestido
5. _____ los pantalones
6. _____ el traje
7. _____ la falda
8. _____ los calcetines
9. _____ el sombrero
10. _____ la corbata

a. la cabeza
b. las piernas (*legs*)
c. los pies (*feet*)
d. la parte superior del cuerpo
e. de la cintura para abajo (*from the waist down*)
f. el cuello (*neck*)
g. todo el cuerpo

Paso 2 Ahora, estudia las palabras y expresiones nuevas en el **Vocabulario útil** en el libro de texto. Luego indica si las oraciones son ciertas o falsas.

	CIERTO	FALSO
1. El cuero es un producto sintético.	☐	☐
2. El cuero se usa mucho para fabricar (*produce*) zapatos.	☐	☐
3. El tacón es parte del zapato.	☐	☐
4. Los tacones altos son recomendables para correr.	☐	☐
5. Las camisetas suelen ser de algodón o de algodón mezclado (*mixed*) con otra fibra.	☐	☐
6. No existen los zapatos de algodón.	☐	☐
7. La lana es una tela que se hace con fibras vegetales.	☐	☐
8. Las prendas hechas de lana se pueden lavar como las de otras fibras.	☐	☐
9. La ropa de seda suele ser más cara que la de poliéster.	☐	☐
10. La seda tiene su origen en China.	☐	☐

ACTIVIDAD B ¿A quién se describe?

Escucha cada descripción. Luego indica a qué persona se describe. Las respuestas se darán en el programa auditivo.

1. Se describe a...
   a. un estudiante que va a clase.
   b. una abogada que está en la corte.
   c. un psicoanalista durante una conferencia de la Asociación Internacional de Psicología.
2. Se describe a...
   a. una madre al despertarse por la mañana.
   b. una modelo que va a ser fotografiada para *Vogue*.
   c. una mujer que hace ejercicio aeróbico.
3. Se describe a...
   a. un ejecutivo de un banco en Nueva York.
   b. un terapeuta físico mientras atiende a un paciente.
   c. un maestro de primaria.
4. Se describe a...
   a. un dentista que está hablando con un paciente.
   b. una secretaria en horas de oficina.
   c. un bebé a la hora del desayuno.
5. Se describe a...
   a. una periodista que está entrevistando a un político.
   b. un estudiante durante la ceremonia de graduación.
   c. una atleta después de un partido.

*ACTIVIDAD C Una conversación

Paso 1   Escucha la conversación entre dos personas y luego contesta las siguientes preguntas sobre las ideas generales.

1. ¿Dónde estarán María y Raquel?
   a. en un centro comercial (*mall*)
   b. en la universidad
   c. en casa, hablando por teléfono
2. ¿Están contentas las dos mujeres?
   a. María está bien, pero Raquel está molesta.
   b. Raquel está bien, pero María está molesta.

Paso 2   Ahora vas a contestar unas preguntas específicas. Si necesitas escuchar el programa auditivo de nuevo, está bien.

1. ¿Qué necesita Raquel? _____

2. ¿Qué busca María? _____

3. ¿Qué le recomienda Raquel a María? Le recomienda que compre _____

   porque iría muy bien con _____.

COMUNICACIÓN

PARA ENTREGAR ¿Qué tienes?

Utiliza ocho palabras diferentes del vocabulario de esta sección para escribir ocho oraciones sobre lo que tienes o no tienes y lo que te gustaría tener o comprar.

> MODELOS   Tengo un suéter de lana pero me gustaría tener uno de seda.
>
> Tengo zapatos muy viejos y me gustaría comprar unos nuevos.

GRAMÁTICA

¿Qué te pones?

More on reflexive verbs

*ACTIVIDAD D ¿Quién?

Select the person who would most logically make each statement.

1. Es necesario lucirme bien.
   a. una actriz   b. un profesor
2. Al llegar al trabajo, me pongo una chaqueta blanca.
   a. un doctor   b. un profesor
3. Siempre me quito el sombrero al entrar en un lugar.
   a. una señora de 80 años   b. un señor de 80 años
4. ¡Huy! Me veo gorda!
   a. una secretaria   b. una modelo

*ACTIVIDAD E Preguntas

Paso 1   Imagine that you are asking someone the following questions. Select the verb that best completes each question.

1. ¿De qué _____ para lucirte bien?
   a. te pones   b. te vistes

2. ¿_____ los zapatos al entrar en tu casa?
   a. Te quitas   b. Te ves

3. ¿Qué _____ primero normalmente, los pantalones o la camisa?
   a. te ves   b. te pones

Paso 2   The above questions were written in the **tú** form. Rewrite each question using **Ud.**

1. _____

2. _____

3. _____

 **COMUNICACIÓN**

PARA ENTREGAR ¿Qué te pones para... ?

Paso 1 Indica con qué frecuencia te pones cada prenda de ropa.

Para ir a clase...	SIEMPRE	CON FRECUENCIA	RARAS VECES	NUNCA
1. me pongo pantalones y camisa (blusa).	☐	☐	☐	☐
2. me pongo sudadera y camiseta.	☐	☐	☐	☐
3. me pongo chaqueta de cuero.	☐	☐	☐	☐
4. me pongo *bluejeans* y camisa, camiseta o blusa.	☐	☐	☐	☐
5. me pongo traje o vestido.	☐	☐	☐	☐

Para una cita (*date*)...

	SIEMPRE	CON FRECUENCIA	RARAS VECES	NUNCA
6. me pongo pantalones y camisa.	☐	☐	☐	☐
7. me pongo sudadera y camiseta.	☐	☐	☐	☐
8. me pongo chaqueta de cuero.	☐	☐	☐	☐
9. me pongo *bluejeans* y camisa, camiseta o blusa.	☐	☐	☐	☐
10. me pongo traje o vestido.	☐	☐	☐	☐

Paso 2 ¿Qué prenda de ropa que te pones con frecuencia no está en la lista del **Paso 1**?

Me pongo _____ con frecuencia.

 Paso 3 Convierte las oraciones del **Paso 1** en preguntas que le podrías hacer a un compañero (una compañera) de clase.

> MODELOS Para ir a clase, ¿con qué frecuencia te pones ____?
>
> Para una cita, ¿con qué frecuencia te pones ____?

Luego, llama por teléfono a esa persona y hazle las preguntas. O, haz una cita* con esa persona para hablar con él o ella. Anota sus respuestas.

Paso 4 En una hoja aparte, escribe diez oraciones en que comparas lo que te pones con lo que se pone la persona con quien hablaste en el **Paso 3**.

> MODELOS Para ir a clase, me pongo pantalones y camisa con frecuencia, pero Pablo no. Él se pone sudadera.

_____

*Recuerda que una cita no tiene que ser romántica. Una cita puede ser una reunión entre dos amigos o puede ser la hora particular en que tienes que ver a la profesora, a un pariente, etcétera.

IDEAS PARA EXPLORAR

De viaje

VOCABULARIO

¿En tren o en auto?

Talking about trips and traveling (I)

*ACTIVIDAD A Asociaciones

Escucha la descripción y decide cuál de los términos se asocia más con el tema.

1. a. aeropuerto   b. cabina
2. a. demora   b. equipaje
3. a. marearse   b. hacer autostop
4. a. estación   b. auxiliar de vuelo
5. a. sacar fotos   b. pasaje
6. a. salida   b. llegada

ACTIVIDAD B De viaje

Paso 1   Escucha la descripción del viaje de la señora López y rellena los espacios en blanco.

La señora López va de viaje. Va a visitar a sus nietos en San Diego. Cuando llega al

_____, le pide a un _____ que la ayude. Él coge su equipaje y la acompaña al

mostrador de la aerolínea. En el mostrador el _____ le pide su boleto. La señora López

le explica que no quiere ir en la _____. «Está bien», le dice el agente, devolviéndole su

_____, y le dirige a la puerta de _____. Cuando ella llega a la puerta del

avión, la _____ le pide el boleto y la ayuda a encontrar su asiento (*seat*). La señora

López se acomoda y se prepara para el despegue (*take-off*), pero el piloto dice que va a haber

una corta _____. Mientras esperan, la _____ pasa por la _____

ofreciéndoles revistas a los pasajeros.

*Paso 2   Completa las oraciones de acuerdo con lo que sabes del viaje.

1. La señora López viaja en _____.
2. El agente le pide _____.
3. La pasajera prefiere _____.
4. La auxiliar de vuelo necesita _____.
5. La asistente les ofrece _____.

ACTIVIDAD C Más Latinoamérica

Paso 1 Hay mucha competencia entre las compañías que vuelan a Latinoamérica. Lee el siguiente anuncio de American Airlines para ver qué le ofrecen al viajero.

American Latina.

Ofreciéndole Más De Latinoamérica Que Ninguna Otra Aerolínea.

Nadie acerca más a los Estados Unidos con América Latina como American Airlines. Con servicio a 32 ciudades en 18 países a través de México, Centro y Sur América. A través de Chicago, Dallas/Fort Worth, Miami y Nueva York, American ofrece más vuelos diarios a Latinoamérica que ninguna otra línea aérea. Como siempre, los miembros de nuestro programa AAdvantage pueden acumular millaje gratis para ascensos a

32 Ciudades. 18 Países.

Buenos Aires, Argentina	San Pedro Sula, Honduras
Ciudad Belice, Belice	Tegucigalpa, Honduras
La Paz, Bolivia	Acapulco, México
Santa Cruz, Bolivia	Cancún, México
Belo Horizonte, Brasil	Guadalajara, México
Río de Janeiro, Brasil	León, México
São Paulo, Brasil	Los Cabos, México
Santiago, Chile	Ciudad de México, México
Barranquilla, Colombia	Monterrey, México
Bogotá, Colombia	Puerto Vallarta, México
Cali, Colombia	Managua, Nicaragua
San José, Costa Rica	Ciudad de Panamá, Panamá
Guayaquil, Ecuador	Asunción, Paraguay
Quito, Ecuador	Lima, Perú
San Salvador, El Salvador	Montevideo, Uruguay
Ciudad de Guatemala, Guatemala	Caracas, Venezuela

primera clase y viajes a destinos a donde vuela American alrededor del mundo. Así que, ya sea a la playa en Cancún o a Buenos Aires en viaje de negocios, consulte a su Agente de Viajes o llame a American al 1-800-633-3711 en español. También nos puede visitar a través del Internet en AA.com™. Donde sea que usted necesita estar en Latinoamérica, allí también estará American Airlines.

AmericanAirlines®
Algo especial a Latinoamérica

*Paso 2 ¿Cierto o falso?

	CIERTO	FALSO
1. Ofrecen vuelos diarios desde Nueva York.	☐	☐
2. Ofrecen espacio adicional a los que quieran trabajar durante el vuelo.	☐	☐
3. Ofrecen vuelos sin escala desde California.	☐	☐
4. Los niños vuelan gratis hasta los 16 años de edad.	☐	☐

*Paso 3 Menciona dos maneras de hacer reservaciones con American Airlines.

1. _____

2. _____

*Paso 4 ¿Puedes emparejar las ciudades con sus países? Si no, busca la información en un mapa.

1. ____ Caracas
2. ____ Guayaquil
3. ____ Montevideo
4. ____ Río de Janeiro
5. ____ Santiago

a. Brasil
b. Chile
c. Ecuador
d. Uruguay
e. Venezuela

 **COMUNICACIÓN**

 ## PARA ENTREGAR ¡Para servirles!

Eres agente de viajes. Tus clientes incluyen los tres grupos a continuación. Cada grupo quiere que le recomiendes las vacaciones ideales. En una hoja aparte, planea el viaje ideal para cada uno, incluyendo la siguiente información: destino(s), modo de transporte, duración y costos.

a. una familia con dos niños pequeños
b. dos amigas, estudiantes universitarias, de vacaciones de primavera (No tienen mucho dinero.)
c. un hombre soltero de 45 años, que acaba de ganarse la lotería

MODELO   una pareja en su luna de miel (*honeymoon*)

Destino:	Hawai, un hotel de lujo con vista al mar
Modo de transporte:	avión desde Chicago
Duración:	dos semanas
Costos:	hotel con media pensión: $950,00 avión (2 personas): $1.200,00 total: $2.150,00

VOCABULARIO

¿Dónde nos quedamos?

Talking about trips and traveling (II)

 ### *ACTIVIDAD D ¡Visítenos!

Escucha el anuncio publicitario para un hotel de lujo. Apunta algunos detalles de lo que escuchas. Si es necesario, escucha el anuncio más de una vez.

1. tipo(s) de habitación: _____

2. otras comodidades: _____

3. aspectos atractivos del sitio: _____

ACTIVIDAD E Para confirmar las reservaciones

El señor Gómez habla con una agente de viajes. Quiere hacer las reservaciones para un viaje, pero la agente de viajes está muy distraída. No capta casi nada de lo que le dice el señor Gómez.

Paso 1 Primero, escucha lo que le dice el señor Gómez a la agente. Puedes tomar apuntes aquí.

_____

_____

_____

*Paso 2 Ahora, la agente repite lo que el señor Gómez le ha pedido, pero hay muchos errores. Corrige cada error cuando la agente pausa.

1. hotel: _____

2. cama: _____

3. baño: _____

4. pensión: _____

5. vista: _____

*ACTIVIDAD F Un lugar para cada uno

Empareja cada persona con el alojamiento que mejor le corresponda.

a.

b.

c.

d.

1. _____ Se queda(n) en un hotel de lujo con todas las comodidades. Su habitación tiene una cama matrimonial y una televisión, y pide(n) servicio de habitaciones todas las noches.

2. _____ Se queda(n) en una pensión. Su cuarto tiene cama sencilla y comparte baño con la habitación vecina.

3. _____ Se queda(n) en un hotel de cuatro estrellas en una suite pequeña con sofá y escritorio. Le(s) parecen muy útiles los servicios de Fax y servicio de habitaciones.

4. _____ Se queda(n) en un hotel de cuatro estrellas con bar y restaurante muy buenos y divertidos. Pasa(n) mucho tiempo charlando en la piscina y las canchas de tenis.

 **COMUNICACIÓN**

PARA ENTREGAR ¿Adónde irías?

Paso 1   Si tuvieras (*If you had*) la oportunidad de viajar a un país donde se habla español, ¿adónde irías? Escoge un país y luego busca la siguiente información en un libro para turistas o en una agencia de viajes.

- costo de un vuelo al país
- mejor estación para ir y por qué
- tipo(s) de ropa que necesitas llevar (tomando en cuenta el tiempo y las actividades)
- costo de alojamiento (comodidades que van incluidos en el precio)

 **Paso 2**   Escribe un párrafo en que incluyas toda la información que encuentres. Tu profesor(a) puede leerle la información a la clase.

 # IDEAS PARA EXPLORAR

En el extranjero

GRAMÁTICA

Firme aquí

Telling others what to do

 ## *ACTIVIDAD A ¿Mandato o no?

Paso 1   Remember that a formal command is used to tell someone to do something while the present tense indicative is used to describe what someone does. Listen to each sentence and write down the verb. Indicate whether it is a formal command or a description.

	COMMAND	DESCRIPTION
1. _____	☐	☐
2. _____	☐	☐
3. _____	☐	☐
4. _____	☐	☐
5. _____	☐	☐
6. _____	☐	☐
7. _____	☐	☐

Paso 2 Using only the commands from **Paso 1,** fill in the blanks below to make complete sentences.

1. ¡_____ más! No engorda (*It isn't fattening*).

2. Para tener suficiente tiempo, _____ dos horas antes de su vuelo.

3. _____ su dirección aquí, por favor.

4. _____ la chaqueta, si desea. Esta es una reunión informal.

*ACTIVIDAD B En el extranjero

Paso 1 Here are some verbs and phrases you are likely to encounter in the Spanish-speaking world on public signs. Put each in a formal (**Ud.**) form.

1. empujar (*to push*): _____

2. no escupir (*not to spit*): _____

3. esperar (*to wait*) aquí: _____

4. pagar (*to pay*) aquí: _____

5. marcar (*to dial*) «0»: _____

Paso 2 Now indicate where you might find each sign from **Paso 1.**

1. _____
2. _____
3. _____
4. _____
5. _____

   a. en una caja (*cashier area*)
   b. en el teléfono de un hotel
   c. en una puerta
   d. en una cola (*line*) en el aeropuerto
   e. en la ventana (*window*) de un autobús

 **COMUNICACIÓN**

 ## PARA ENTREGAR En la universidad

Paso 1 On a separate sheet of paper write a list of eight commands and where they might be posted at your university. Follow the model.

> MODELO 'Deposite moneda aquí.' (en una máquina vendedora de refrescos)

Paso 2 Now copy only the commands on another sheet of paper. Staple it to the front of the paper you used to complete **Paso 1** so that the places the commands might be found can't be seen. Your instructor will read the commands-only sheet first and try to determine where each would most likely be found. Then he or she will check what you wrote to see if he or she guessed correctly.

GRAMÁTICA

¿Qué harías? (II)

ACTIVIDAD C ¿Qué harías tú?

*Paso 1 Listen to what two people would do if a genie in a bottle granted them three wishes. Write A (**Alejandra**), B (**Bernardo**), or LD (**los dos**).

1. _____ Pediría un millón de dólares.
2. _____ Desearía que hubiera paz mundial.
3. _____ Me gustaría ser un líder poderoso.
4. _____ Tendría una carrera fabulosa.
5. _____ Eliminaría el hambre en el mundo.

Paso 2 What do their wishes suggest about Alejandra's and Bernardo's personalities? Write three or four sentences comparing the two.

_____

_____

_____

ACTIVIDAD D Si yo fuera el profesor (la profesora) de español...

Paso 1 Which of these things would you do if you were the Spanish instructor?

	SÍ	NO
1. Daría más tarea todos los días.	☐	☐
2. La clase trabajaría menos en grupos.	☐	☐
3. Invitaría a personas de otros países a hablar con la clase.	☐	☐
4. Iríamos a un restaurante mexicano.	☐	☐
5. Siempre hablaría español con los estudiantes.	☐	☐

Paso 2 Now write three things you would do.

1. _____
2. _____
3. _____

Paso 3 Call a classmate to find out what he or she would do if he or she were the instructor.

Paso 4 Write three sentences comparing what the two of you would do.

MODELO Yo siempre hablaría español con los estudiantes, pero John hablaría inglés a veces.

_____

_____

_____

COMUNICACIÓN

PARA ENTREGAR Mi vida

Paso 1 Imagine that you have the chance to live your life all over again. Would you do many things differently or not change much? Think of three things you have done that you wouldn't do again.

_____

_____

_____

Paso 2 Think of three things you would like to do again.

_____

_____

_____

Paso 3 Think of three things you haven't done that you would like to do.

_____

_____

_____

Paso 4 In fewer than 200 words, discuss at least one of the ideas you listed in each **Paso**. Connect your comments so that they answer the question, "Would my life be very different or not?"

VIDEOTECA:
Los hispanos hablan

Paso 1 Piensa un momento en la moda (*fashion*). ¿Es muy importante para ti? ¿Sigues los estándares (*standards*) de la moda? ¿Crees que la moda es más importante para un sexo que para el otro?

*Paso 2 Lee lo que dice Elizabeth Narváez-Luna sobre este tema. Luego, contesta las preguntas a continuación.

1. ¿Habla Elizabeth de los hombres o solamente de las mujeres?
2. Según Elizabeth, en los Estados Unidos lo que es más importante en cuanto a la moda es la apariencia o la impresión que da la persona. ¿Cierto o falso?

Los hispanos hablan

¿Qué diferencias hay entre la ropa y la moda en los Estados Unidos y en tu país?

NOMBRE: Elizabeth Narváez-Luna

EDAD: 29 años

PAÍS: México

«Y bueno, ¿qué creo de la moda? La moda en los países hispanos, creo que es muy importante. Muchas mujeres tienen que vestirse bien, maquillarse, peinarse y tienen que seguir los estándares de la moda. Yo me he fijado que aquí en los Estados Unidos especialmente la moda es más práctica y se sigue la moda que es más cómoda. Y en México —o, bueno, en México de donde yo soy— a veces no se hace eso porque la mujer siempre tiene que estar bien presentada, especialmente la mujer... »

*Paso 3 Ahora escucha el segmento completo. Luego completa las siguientes oraciones.

VOCABULARIO ÚTIL

maquillarse   *to make yourself up* (*with makeup*)
peinarse   *to comb one's hair; to do up one's hair*

Según Elizabeth...

1. en las ciudades más pequeñas, _____.

2. es especialmente importante estar bien presentada si trabajas en _____.

3. Guadalajara es conocida por _____.

Paso 4   Piensa en las observaciones de Elizabeth. ¿Qué crees de su opinión de la moda en los Estados Unidos? ¿Qué piensas sobre sus observaciones sobre las diferencias entre las ciudades grandes y las pequeñas? ¿Ocurre lo mismo en este país?

LECCIÓN **17**

¿A qué profesión u ocupación quieres dedicarte?

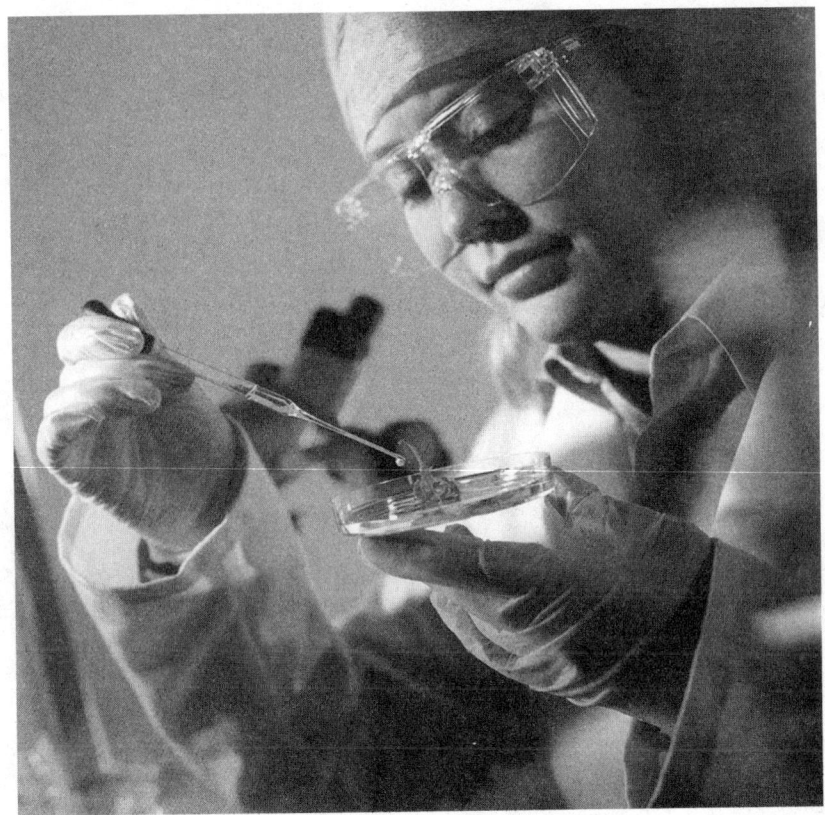

En esta lección del *Manual,* vas a

◆ Practicar vocabulario relacionado con las profesiones y ocupaciones

◆ Hablar de las cualidades y habilidades necesarias para ejercer ciertas profesiones y ocupaciones

◆ Practicar una nueva forma verbal: el *subjuntivo*

 You can find additional quizzes to practice the grammar, vocabulary, and cultural themes covered in this lesson on the *¿Sabías que... ?* Online Learning Center website at **www.mhhe.com/sabiasque5**.

IDEAS PARA EXPLORAR
Las profesiones (1)

VOCABULARIO

¿Qué profesión?

Talking about professions

*ACTIVIDAD A ¿Sí o no?

Paso 1 Basándote en los dibujos en estas dos páginas, indica si cada oración es cierta o no.

		SÍ	NO
1.	Un chico piensa ser astrónomo.	☐	☐
2.	Una chica piensa ser médica.	☐	☐
3.	Ningún estudiante de la clase piensa ser tenista.	☐	☐
4.	Un chico piensa ser terapeuta.	☐	☐
5.	Una chica piensa ser farmacéutica.	☐	☐
6.	Ninguno piensa ser guitarrista.	☐	☐
7.	Muchos no saben lo que quieren ser.	☐	☐

José Rita Diego Luisita Benito Sonia

Sara Esteban Carolina Javier Raquel Víctor

Paso 2 Ahora, escucha el programa auditivo para verificar tus respuestas en el **Paso 1.**

 Paso 3 ¿Sí o no? Basándote en el dibujo, di si cada oración que escuchas es cierta o falsa.

      MODELO   (*oyes*) Nadie de la clase quiere dedicarse a la medicina. →
                (*dices*) Falso.
                (*oyes*) Falso. Por lo menos (*At least*) una chica quiere dedicarse a la medicina.

     1...   2...   3...   4...   5...

Paso 4 Contesta cada pregunta con el nombre de un(a) estudiante del dibujo.

    1. ¿Quién piensa ser jugadora de tenis? _____

    2. ¿Quién quiere ser músico? _____

    3. ¿Quién piensa ser granjero? _____

    4. ¿A quién le gustaría ser química? _____

    5. ¿Quién piensa trabajar en la computación? _____

    6. ¿A quién le gustaría ser enfermera? _____

Paso 5 Ahora, escucha el programa auditivo para verificar tus respuestas en **Paso 4.**

ACTIVIDAD B Asociaciones

*Paso 1 ¿Qué definición de la columna B se relaciona con cada profesional de la columna A?

A

1. ＿＿＿ la psicóloga
2. ＿＿＿ el programador
3. ＿＿＿ la contadora
4. ＿＿＿ la abogada
5. ＿＿＿ el veterinario
6. ＿＿＿ la terapeuta física
7. ＿＿＿ el maestro
8. ＿＿＿ la farmacéutica
9. ＿＿＿ el senador
10. ＿＿＿ la periodista
11. ＿＿＿ el astrónomo

B

a. diseñar sistemas para las computadoras
b. dar consejos sobre asuntos financieros
c. educar a los niños
d. escuchar y analizar los problemas de otra persona
e. informar al público sobre los acontecimientos (*events*) recientes
f. manejar asuntos legales
g. preparar medicamentos y surtir recetas (*to fill prescriptions*)
h. observar las estrellas
i. participar en debates políticos
j. rehabilitar a las personas que tienen impedimentos físicos
k. curar animales

Paso 2 Con los pares que formaste en el **Paso 1,** haz oraciones usando uno de los modelos a continuación.

MODELOS   Uno de los trabajos principales de ＿＿＿ es ＿＿＿.

＿＿＿ tiene que ＿＿＿ en su profesión.

1. ＿＿＿＿＿＿＿＿＿＿＿＿＿＿＿＿＿＿＿＿＿＿＿＿＿＿＿＿＿＿＿＿＿
2. ＿＿＿＿＿＿＿＿＿＿＿＿＿＿＿＿＿＿＿＿＿＿＿＿＿＿＿＿＿＿＿＿＿
3. ＿＿＿＿＿＿＿＿＿＿＿＿＿＿＿＿＿＿＿＿＿＿＿＿＿＿＿＿＿＿＿＿＿
4. ＿＿＿＿＿＿＿＿＿＿＿＿＿＿＿＿＿＿＿＿＿＿＿＿＿＿＿＿＿＿＿＿＿
5. ＿＿＿＿＿＿＿＿＿＿＿＿＿＿＿＿＿＿＿＿＿＿＿＿＿＿＿＿＿＿＿＿＿
6. ＿＿＿＿＿＿＿＿＿＿＿＿＿＿＿＿＿＿＿＿＿＿＿＿＿＿＿＿＿＿＿＿＿
7. ＿＿＿＿＿＿＿＿＿＿＿＿＿＿＿＿＿＿＿＿＿＿＿＿＿＿＿＿＿＿＿＿＿
8. ＿＿＿＿＿＿＿＿＿＿＿＿＿＿＿＿＿＿＿＿＿＿＿＿＿＿＿＿＿＿＿＿＿
9. ＿＿＿＿＿＿＿＿＿＿＿＿＿＿＿＿＿＿＿＿＿＿＿＿＿＿＿＿＿＿＿＿＿
10. ＿＿＿＿＿＿＿＿＿＿＿＿＿＿＿＿＿＿＿＿＿＿＿＿＿＿＿＿＿＿＿＿＿
11. ＿＿＿＿＿＿＿＿＿＿＿＿＿＿＿＿＿＿＿＿＿＿＿＿＿＿＿＿＿＿＿＿＿

ACTIVIDAD C ¿Cierto o falso?

Escucha las siguientes oraciones sobre las diferentes profesiones y di si cada oración es cierta o falsa.

MODELO   (*oyes*) Un contador necesita saber mucha química. →
(*dices*) Falso.
(*oyes*) Es falso. Los contadores trabajan con números y cifras.

1...   2...   3...   4...   5...   6...

ACTIVIDAD D Más sobre las profesiones

Vas a escuchar algunas preguntas sobre las profesiones. Contesta según las alternativas dadas.

> MODELO (oyes) ¿Qué hace un arquitecto, diseña casas o toca la trompeta? →
> (dices) Diseña casas.
> (oyes) Los arquitectos diseñan casas.

1...   2...   3...   4...   5...

*ACTIVIDAD E ¿Qué profesión se describe?

Escucha las siguientes descripciones y escribe en el espacio correspondiente el nombre de cada campo descrito.

1. _____   4. _____

2. _____   5. _____

3. _____

COMUNICACIÓN

PARA ENTREGAR Tus amigos y tú

Paso 1 ¿Qué campo te interesa más? ¿Cuál te interesaba más de niño/a? En una hoja aparte, escribe un breve párrafo usando el modelo a continuación.

De los campos que hemos visto, me interesa más el de _____ porque _____. Pero de niño/a, me

interesaba más _____. Pensaba que en esa profesión _____.

Paso 2 ¿Y tus amigos? ¿Qué aspiraciones tienen? Completa el párrafo a continuación. Puedes hacer los cambios necesarios para darle más veracidad.

Entre mis amigos, algunos piensan ser _____ y otros quieren ser _____. Tengo un amigo (una

amiga) que estudia _____, que es una carrera muy apropiada para él/ella porque _____.

GRAMÁTICA

¿Qué tipo de trabajo buscas?

The subjunctive after indefinite antecedents

*ACTIVIDAD F Alternativas

Listen to the short conversations on the audio program and choose the alternative that best completes the ideas expressed.

1. a. ...que es muy capaz y que sabe muy bien cómo funciona todo.
    b. ...que sea muy capaz y que sepa muy bien cómo funciona todo.
2. a. ...que es muy considerado y que trata muy bien a los pacientes.
    b. ...que sea muy considerado y que trate muy bien a los pacientes.
3. a. ...que habla solamente español y que permite que le hagamos muchas preguntas.
    b. ...que hable solamente español y que permita que le hagamos muchas preguntas.

4. a. ...que es muy cariñoso y tiene pelo corto.
   b. ...que sea muy cariñoso y tenga pelo corto.
5. a. ...que tiene dos dormitorios y que además incluye gratis la televisión por cable.
   b. ...que tenga dos dormitorios y que además incluya gratis la televisión por cable.

*ACTIVIDAD G Busco un compañero (una compañera) de cuarto...

Match the people from group B with the descriptions in group A.

A

1. _____ Busco un compañero de cuarto que siempre pague las cuentas a tiempo, que no toque música a todo volumen y que sepa cocinar.

2. _____ Busco una compañera de cuarto que estudie o hable inglés y que tenga auto (porque vivo lejos de la universidad).

3. _____ Busco un compañero de cuarto que no fume, que no haga mucho ruido y que tome en serio sus estudios.

4. _____ Busco un compañero de cuarto que no tenga gato y que sea muy ordenado (neat).

5. _____ Busco una compañera de cuarto que estudie medicina, que no fume y a quien le guste la música jazz.

B

a. Leticia: estudiante de biología (desea ser médica); le gusta todo tipo de música (menos la ópera); lleva una vida muy sana
b. Enrique: joven responsable de 20 años; estudia ingeniería; no le gustan las fiestas; no fuma
c. Tomás: un joven de 22 años, muy responsable; estudia para jefe de cocina (su sueño es ser dueño de un restaurante); no le gusta el ruido, prefiere los ambientes tranquilos
d. Ángela: estudiante de literatura británica y francesa; le gusta la música clásica; tiene una moto
e. Egberto: chico de 22 años; muy simpático; es alérgico a los perros y gatos; es una persona muy organizada y meticulosa

*ACTIVIDAD H Buscan...

Write down the statement made by the speaker. (Listen to the audio program again if necessary.) Using what that person says, can you decide what kind of position the person and his or her colleagues are attempting to fill?

1. « _____

_____ »

Buscan...
a. un programador (una programadora) de computadoras.
b. un veterinario (una veterinaria).
c. un gerente ejecutivo (una gerente ejecutiva).

2. « _____

_____ »

Buscan...
a. un granjero (una granjera).   b. un(a) periodista.   c. un enfermero (una enfermera).

3. « _____

_____ »

Buscan…
a. un veterinario (una veterinaria).
b. un psicólogo (una psicóloga).
c. un químico (una química).

4. « _____

_____ »

Buscan…
a. un(a) músico. b. un(a) cantante. c. un trabajador (una trabajadora) social.

5. « _____

_____ »

Buscan…
a. un(a) terapeuta. b. un(a) artista. c. un hombre de negocios
(una mujer de negocios).

 **COMUNICACIÓN**

PARA ENTREGAR El trabajo que quiero encontrar

Paso 1 Think of those qualities that go into making the perfect job, field, or profession. These may include other people you work with and for, hours, geographical location, physical conditions of the environment (e.g., office), salary, and so on. How many can you think of?

 Paso 2 Now, on a separate sheet of paper, write ten sentences about what you want in a future job. Use the models that follow.

> MODELOS Quiero un trabajo que…
> Quiero un trabajo en el que (*in which*)…

Paso 3 Now go back and falsify four sentences. For example, if you wrote **Quiero un trabajo en el que pueda viajar mucho** you could falsify it by stating **Quiero un trabajo en el que no tenga que viajar mucho.**

Paso 4 Turn in your sentences to your instructor and see if he or she can spot the false sentences. Does your instructor know you well enough to do that? Does anyone else in class?

 **IDEAS PARA EXPLORAR**

Las profesiones (II)

VOCABULARIO

¿Qué características y habilidades se necesitan?

Talking about traits needed for particular professions

ACTIVIDAD A Cualidades y habilidades recomendables

Paso 1 A continuación hay una lista de varias cualidades que son recomendables para ejercer ciertas profesiones. Escoge las dos cualidades más deseables para cada profesión y escríbelas en los espacios en blanco. (Hay cualidades que pueden aplicarse a más de una profesión.)

saber escuchar
saber expresarse claramente
saber mandar
saber usar una computadora

ser carismático/a
ser compasivo/a
ser físicamente fuerte
ser honesto/a

ser organizado/a
ser paciente
tener don de gentes
tener habilidad manual

1. el atleta a. _____

   b. _____

2. el médico a. _____

   b. _____

3. la contadora a. _____

   b. _____

4. el senador a. _____

   b. _____

5. el maestro a. _____

   b. _____

6. la ingeniera a. _____

   b. _____

Paso 2 ¿Hay semejanzas y diferencias entre estas profesiones respecto a las cualidades y habilidades más deseables? Según las cualidades y habilidades que escogiste para cada profesión en el **Paso 1,** ¿qué profesiones tienen más en común?

_____

_____

_____

Paso 3 En la próxima clase, compara tus respuestas con las de tus compañeros. ¿Son parecidas? ¿diferentes?

● ACTIVIDAD B ¿Y con respecto a tus profesores?

Paso 1   En tu opinión, ¿cuáles son las características y habilidades más importantes para ser profesor(a)? Pon las siguientes cualidades en orden de mayor importancia a menor importancia.

_____ ser honesto/a   _____ ser paciente

_____ ser organizado/a   _____ ser íntegro/a

_____ ser carismático/a   _____ pensar de una manera directa

_____ tener don de gentes   _____ ser listo/a

Paso 2   Si tienes tiempo en la próxima clase, compara tu lista con las de tus compañeros. ¿Coinciden en sus opiniones?

ACTIVIDAD C Profesiones y habilidades

Paso 1   Indica cuáles de las tres habilidades mencionadas son recomendables para cada uno de estos profesionales.

1. la profesora

   ☐ tener habilidad manual   ☐ saber expresarse claramente   ☐ saber escuchar

2. la contadora

   ☐ saber usar una computadora   ☐ hablar otro idioma   ☐ saber dibujar

3. el pintor

   ☐ saber escribir bien   ☐ tener habilidad manual   ☐ saber dibujar

4. el senador

   ☐ saber expresarse claramente   ☐ hablar otro idioma   ☐ saber escribir bien

5. la directora

   ☐ saber mandar   ☐ saber usar una computadora   ☐ saber expresarse bien

Paso 2   De acuerdo con lo que indicaste en el **Paso 1,** haz oraciones para cada profesión siguiendo el modelo a continuación.

   MODELO   En mi opinión, para ser _____ es importante _____.

1. _____

2. _____

3. _____

4. _____

5. _____

COMUNICACIÓN

PARA ENTREGAR ¿Tienes lo necesario?

Paso 1 En las **Actividades A, B** y **C,** identificaste las cualidades y habilidades que una persona debe tener para tener éxito en su profesión u ocupación. Ahora piensa en tus propias cualidades y habilidades. Indica cuáles habilidades se te apliquen a ti.

- ☐ Pienso de una manera directa.
- ☐ Sé escuchar.
- ☐ Sé expresarme claramente.
- ☐ Sé mandar.
- ☐ Sé usar una computadora.
- ☐ Soy carismático/a.
- ☐ Soy compasivo/a.

- ☐ Soy físicamente fuerte.
- ☐ Soy íntegro/a.
- ☐ Soy listo/a.
- ☐ Soy organizado/a.
- ☐ Soy paciente.
- ☐ Tengo don de gentes.
- ☐ Tengo habilidad manual.

Paso 2 Usando tus respuestas del **Paso 1** como punto de partida, escribe un párrafo de seis o siete frases identificando tus puntos fuertes y débiles. Puedes usar el párrafo a continuación como modelo.

MODELO Creo que yo ____. También ____ y ____. Pero hay que ser honesto/a. Yo no ____ ni

tampoco ____.

GRAMÁTICA

No hay nadie que...

Negative and nonexistent antecedents

ACTIVIDAD D En la clase

*Paso 1 Escucha cada fragmento y luego indica la frase que mejor va con lo que oyes.

1. ☐ a. No hay ningún estudiante...   ☐ b. Hay un solo estudiante...
2. ☐ a. No hay nadie...   ☐ b. Hay varias personas...
3. ☐ a. No hay ni un solo estudiante...   ☐ b. Hay estudiantes...
4. ☐ a. Hay un estudiante...   ☐ b. No hay ningún estudiante...
5. ☐ a. Hay una chica...   ☐ b. No hay ninguna chica...

Paso 2 Revisa cada oración completa del **Paso 1** para determinar si es **cierta** o **falsa** aplicada a tu clase de español.

 **COMUNICACIÓN**

PARA ENTREGAR En tu familia

Paso 1 Piensa en tu familia por un momento. Indica cuáles de las siguientes oraciones son ciertas.

	CIERTO	FALSO
1. No hay nadie que hable dos idiomas.	☐	☐
2. No hay nadie que viva en otro estado.	☐	☐
3. No hay nadie que toque la guitarra.	☐	☐
4. No hay nadie que trabaje en telecomunicaciones.	☐	☐
5. No hay nadie que tenga un Hummer.	☐	☐

 Paso 2 Ahora escribe cinco oraciones. Cada una debe ser la versión correcta de una de las oraciones del **Paso 1,** pero debe añadir más información. Cada oración debe tener un verbo en el indicativo y uno en el subjuntivo.

> MODELO Sí, hay una persona en mi familia que toca la guitarra, pero no hay nadie que toque el piano.

 # IDEAS PARA EXPLORAR
Algunas aspiraciones

GRAMÁTICA

¿Qué piensas hacer cuando... ?   The subjunctive after expressions of future intent

*ACTIVIDAD A Conversaciones

Read each mini-conversation and decide which of the two clauses the speaker would use.

1.   PABLO: ¿Piensas ir a la fiesta en casa de Juanita esta noche?

  ROBERTO: No sé. Tengo muchísimo trabajo.

  PABLO: ¡Vamos! Va a ser divertida.

  ROBERTO: Bueno. _____, iré. (*I'll go.*)

  a. Tan pronto como termine mi trabajo   b. Tan pronto como termino mi trabajo

2. PILAR: ¿Qué te pasa, Pablo? Te veo muy preocupado.

    PABLO: Tuve un accidente y el auto de mi padre está destruido. ¡Me va a matar (*kill*)!

    PILAR: ¿Fue culpa tuya? (*Was it your fault?*)

    PABLO: No.

    PILAR: Pues, mira, _____, explícale lo que pasó.

    a. cuando hablas con tu padre   b. cuando hables con tu padre

3.   SILVIA: Oye, Francisco, ¿qué tal el concierto anoche?

    FRANCISCO: Fatal. Un desastre total.

        SILVIA: ¿Por qué? ¿Qué pasó?

    FRANCISCO: En primer lugar, estaba muy mal organizado. Estuvimos dos horas esperando

                    _____. ¡Fíjate!

    a. hasta que nos dejen entrar   b. hasta que nos dejaron entrar

4.   JORGE: Hola, Juliana. ¿Qué estás leyendo?

    JULIANA: Es un libro acerca de la Guerra Civil española. Es interesantísimo.

        JORGE: ¿De veras? Me gustaría leerlo.

    JULIANA: _____, te lo presto. ¿Vale?

    a. Después que lo leo   b. Después que lo lea

5. ISABEL: Ana, cuéntame del picnic en el parque ayer.

        ANA: Bueno, fue muy divertido. Estaba toda la familia, había mucha comida, juegos y otras actividades.

    ISABEL: ¿Y a qué hora se acabó?

        ANA: No sé precisamente, pero nos fuimos _____.

    a. en cuanto (*as soon as*) comenzó a llover   b. en cuanto comience a llover

*ACTIVIDAD B Alternativas

Listen as the speaker makes a statement. Select the most logical inference from the alternatives given. You may listen to each statement as many times as you need to.

1. a. The speaker regularly visits California at every opportunity.
    b. The speaker will visit California at some future time when it's possible.
2. a. The speaker travels to Mexico at the end of each semester.
    b. The speaker hopes to travel to Mexico at the end of the semester.
3. a. The speaker always sleeps well after a good workout.
    b. The speaker believes he will sleep well after he has a good workout.
4. a. The speaker regularly buys a new car.
    b. The speaker will buy a new car when he has the money.
5. a. The speaker is regularly in a good mood when the summer arrives.
    b. The speaker will be in a good mood when summer arrives.
6. a. The speaker is waiting for a friend's phone call before going out.
    b. The speaker always waits for a friend's phone call before going out.

7. a. The speaker regularly goes to the store after making a bank deposit.
    b. The speaker will go to the store after making a bank deposit.
8. a. The speaker always takes aspirin when he has a headache.
    b. The speaker will take an aspirin when he has a headache in the future.

ACTIVIDAD C Opiniones

Paso 1   Select the verb or verbal phrase that, in your opinion, best completes the sentence. Note the subjunctive verb forms as you make your selections.

1. Los científicos van a encontrar un remedio contra el cáncer sólo cuando...
    a. **descubran** los factores que lo causan.
    b. **reciban** más dinero del gobierno.
    c. **tengan** otra conferencia sobre el asunto.
2. Nunca habrá (*There will never be*) paz mundial hasta que...
    a. **se eliminen** las armas nucleares.
    b. **haya** una lengua universal.
    c. **desaparezca** el comunismo.
3. Muchos americanos opinan que debemos ayudar a otros países sólo después que éstos...
    a. **establezcan** un gobierno democrático.
    b. **establezcan** relaciones diplomáticos con nosotros.
    c. **no tengan** otros recursos disponibles (*available resources*).
4. Se dice que la familia americana va a volver a ser como la familia tradicional tan pronto como...
    a. la mujer **deje** de trabajar y **vuelva** a quedarse en casa.
    b. el hombre **reconozca** que su esposa trabaja mucho en casa y **aprecie** lo que hace.
    c. los cerdos **aprendan** a volar (*fly*).
5. El problema de las drogas en nuestra sociedad va a continuar hasta que...
    a. los padres **pongan** más interés en sus hijos y en las actividades de éstos.
    b. **se introduzcan** programas educativos contra las drogas en las escuelas primarias.
    c. el gobierno **dé*** más dinero para combatir el problema.
6. Los problemas ecológicos y ambientales se van a resolver sólo cuando...
    a. cada individuo **sea** afectado.
    b. los varios grupos activistas **protesten** más.
    c. todos los países **se reúnan** para trabajar juntos.
7. Una mujer va a llegar a ser presidenta de los Estados Unidos tan pronto como...
    a. **haya** una mujer capaz.
    b. las actitudes sociales **cambien.**
    c. **haya** una vicepresidenta primero.
8. Algunas personas creen que el racismo va a desaparecer sólo cuando...
    a. en las películas y en los libros **se combatan** los estereotipos.
    b. **haya** integración racial en las escuelas.
    c. algún desastre nos **una** a todos.

Paso 2   Now listen to the speaker on the audio program. Do your opinions match the speaker's?

*This is the present subjunctive of **dar.**

ACTIVIDAD D Mi satisfacción futura

Paso 1 Which alternative or alternatives best complete(s) the sentence for you?

Voy a estar contento/a cuando...

☐ **tenga** una carrera interesante.

☐ **sea** rico/a y **pueda** jubilarme joven.

☐ **encuentre** a otra persona con quien compartir mi vida.

☐ **pueda** vivir y trabajar en _____.

☐ **haga** un viaje internacional.

☐ **tenga** hijos.

☐ **visite** una isla tropical.

☐ **sea** jefe (jefa) de mi compañía.

☐ **trabaje** en una ciudad grande.

☐ **conduzca** un coche deportivo rojo.

☐ **conozca** a mi actor favorito (actriz favorita).

☐ **viva** cerca de mi mejor amigo/a.

Paso 2 Now look back at the list and reflect on what you've checked off. Which of the following best summarizes what you have checked?

☐ Mi satisfacción futura depende más de las cosas materiales que de mis relaciones con otras personas y el ambiente.

☐ Mi satisfacción futura depende más de mis relaciones con otras personas y con el ambiente, que de las cosas materiales.

ACTIVIDAD E ¿Cierto o falso?

Paso 1 Decide if each sentence is **cierto** or **falso** for you and the rest of the class. The sentences are on the audio program so that you may listen to them.

	CIERTO	FALSO
1. Todos vamos a poder hablar español muy bien cuando salgamos de esta clase.	☐	☐
2. Queremos darle una fiesta al profesor o a la profesora cuando terminemos el curso.	☐	☐
3. Nuestros profesores nos van a escribir una recomendación antes de que busquemos empleo.	☐	☐
4. Todos esperamos visitar un país de habla española tan pronto como tengamos dinero y oportunidad.	☐	☐
5. Todas nuestras madres esperan tener nietos después de que nos casemos. (¡Si es que todos nos casamos!)	☐	☐

Paso 2 Call a classmate on the phone and see what he or she marked as **cierto.** Do the two of you agree?

COMUNICACIÓN

PARA ENTREGAR Tan pronto como...

In this **Lección,** you have explored your ideas about your future and asked your classmates questions about theirs. Keep in mind what you have learned as you complete these sentences, but don't limit yourself to the situations you've already discussed.

Paso 1 On a separate sheet of paper, complete each of the following sentences about yourself. You may refer to any topic or topics that you like.

1. Tan pronto como... voy a...
2. No voy a poder... hasta que...
3. Pienso... cuando...
4. Después de que... me gustaría...

Paso 2 Now complete each sentence by referring to someone else in your Spanish class. Be sure to identify the person by name.

1. Tan pronto como... va a...
2. No va a poder... hasta que...
3. Piensa... cuando...
4. Después de que... le gustaría...

¡OJO! Your Spanish instructor may give your sentences to that person, so think about what you are writing!

VIDEOTECA:

Los hispanos hablan

*Paso 1 Lee lo que dicen José Antonio Tovar y Eduardo Acuña sobre sus planes para el futuro. Luego, contesta las siguientes preguntas.

1. ¿Quién crees que va a vivir fuera de los Estados Unidos, José, Eduardo o posiblemente los dos?
2. ¿Cuál de los dos nació en otro país?

Los hispanos hablan

¿A qué profesión quieres dedicarte?

NOMBRE: José Antonio Tovar

EDAD: 22 años

PAÍS: Estados Unidos

«Soy americano nacido aquí. Mis padres son originalmente de México. En mi futuro me gustaría mucho trabajar para una compañía multinacional... »

NOMBRE: Eduardo Acuña

EDAD: 28 años

PAÍS: Costa Rica

«Cuando regrese a Costa Rica este diciembre voy a trabajar en un instituto de idiomas... »

*Paso 2 Ahora escucha los segmentos completos. Luego, contesta las siguientes preguntas.

1. ¿Dónde le gustaría vivir a José Antonio? ¿Conoce él ese país?
2. ¿Cómo se está preparando José Antonio para su carrera?
3. Eduardo está indeciso respecto a lo que quiere hacer en el futuro. ¿Sí o no? Explica tu respuesta.

Paso 3 Contesta las preguntas sobre los siguientes temas.

1. Te gustaría vivir fuera de este país?
2. Te gustaría tener un trabajo en el que puedas viajar mucho?

LECCIÓN **18**

¿Qué nos espera en el futuro?

En esta lección del *Manual,* vas a

◆ Practicar el uso del *futuro simple*

◆ Practicar otros usos *del subjuntivo*

◆ Escuchar hablar sobre los automóviles inteligentes

 You can find additional quizzes to practice the grammar, vocabulary, and cultural themes covered in this lesson on the *¿Sabías que... ?* Online Learning Center website at **www.mhhe.com/sabiasque5**.

IDEAS PARA EXPLORAR
Las posibilidades y probabilidades del futuro

GRAMÁTICA

¿Cómo será nuestra vida?

Introduction to the simple future tense

*ACTIVIDAD A Asociaciones

Listen as the speaker makes a statement. Write that statement in the blank. After you have written all the statements, go back and choose from the list below the person whose future is most logically described by the statement. ¡OJO! In some cases, more than one person may be a possibility.

    a. José Blanco, que quiere ser veterinario
    b. María González, que quiere ser periodista
    c. Alejandra Iturribe, que quiere ser psiquiatra
    d. Martín Iglesias, que quiere ser astrónomo

    ¿QUIÉN(ES)?

1. _____   _____
2. _____   _____
3. _____   _____
4. _____   _____
5. _____   _____
6. _____   _____
7. _____   _____
8. _____   _____
9. _____   _____

ACTIVIDAD B Otra persona y yo

Paso 1   Indicate what you think you will do in the future.

☐ Me graduaré antes de tiempo.   ☐ Haré un viaje a Latinoamérica.

☐ Viviré en este estado.   ☐ Trabajaré en una oficina.

☐ Me casaré y tendré varios hijos.   ☐ Me jubilaré antes de los 65 años.

Paso 2 Now listen to the speaker make statements about himself. Of the events in **Paso 1,** which does he say that he will do? You may wish to take some notes here.

_____

_____

_____

_____

Paso 3 Indicate which of the following apply to both you and the speaker you listened to in **Paso 2.**

Los dos...

☐ nos graduaremos antes de tiempo. ☐ haremos un viaje a Latinoamérica.

☐ viviremos en este estado. ☐ trabajaremos en una oficina.

☐ nos casaremos y tendremos varios hijos. ☐ nos jubilaremos antes de los 65 años.

ACTIVIDAD C Una conversación

Paso 1 Listen to the conversation between two people, Ana and Rogelio. You may listen more than once if you want.

*Paso 2 Of the two people, who might say the following as the conversation continues?

	ANA	ROGELIO
1. «Comenzaré en una semana.»	☐	☐
2. «Vamos a celebrar la noticia. Iremos a cenar en un restaurante especial.»	☐	☐
3. «No te preocupes si tienes que trabajar algunas horas más cada día. Todo saldrá bien.»	☐	☐
4. «Tendré más responsabilidades, pero no me molesta.»	☐	☐

*Paso 3 Listen to the last line of the conversation once again. Based on what Ana says, what do you think the relationship is between her and Rogelio?

☐ Son hermanos. ☐ Son esposos. ☐ Son amigos. ☐ Son jefe y empleada.

ACTIVIDAD D Unas preguntas

Paso 1 Read the following questions.

a. ¿Buscarás empleo en seguida? c. ¿Te quedarás en San Antonio?
b. ¿Cuándo terminarás tus estudios aquí? d. ¿En qué trabajarás?

Paso 2 Insert the questions from **Paso 1** in the appropriate places in the following conversation.

ÁNGELA: Mira, Miguel, tengo que hacer una tarea para mi clase de español. ¿Me puedes contestar algunas preguntas?

MIGUEL: Si quieres.

ÁNGELA: Gracias. _____

MIGUEL: En un año y medio.

ÁNGELA: _____

MIGUEL: ¡Claro! Para eso estudié, ¿no?

ÁNGELA: _____

MIGUEL: Me gustaría diseñar programas nuevos para las Macintosh.

ÁNGELA: _____

MIGUEL: No lo creo. Probablemente volveré a Houston.

ÁNGELA: Gracias. ¡Eso es todo!

 Paso 3 Listen to the audio program to check your answers.

COMUNICACIÓN

PARA ENTREGAR El profesor (La profesora) y yo

Paso 1 Think about what you will do during the next summer break. On a separate sheet of paper, list at least six specific things you plan to do.

MODELO   Primero, iré a visitar a unos amigos en California.

Paso 2 Make a list of six specific things that you think your instructor will do next summer. Remember to choose **tú** or **Ud.,** depending on your relationship with your instructor.

MODELO   Ud. irá a México para hacer una investigación.

Paso 3 Look at the two lists and see if you can make some general statements about what you and your instructor will do. Will you both be busy? Will you both have a lot of free time? Will you both be able to relax? and so forth. Write at least four statements telling what you will or will not do in common.

MODELO   Los dos haremos un viaje, pero yo iré a California mientras que Ud. irá a México.

GRAMÁTICA

¿Es probable? ¿Es posible?

The subjunctive with expressions of uncertainty

 ### ACTIVIDAD E Los sueños del futuro

Listen to the conversation and check off the most likely conclusion.

1. ☐ Estoy seguro/a de que las dos muchachas son hermanas.

   ☐ Dudo que las dos muchachas sean hermanas.

2. ☐ Creo que irán a la luna algún día.

   ☐ Es poco probable que vayan a la luna algún día.

3. ☐ Es cierto que estudian mucho.

   ☐ Es dudoso que estudien mucho.

4. ☐ Sé que pueden hacer carrera y tener familias.

   ☐ Es posible que puedan hacer carrera y tener familias.

5. ☐ Creo que duermen bien.

   ☐ No creo que duerman bien.

ACTIVIDAD F Una conversación con dudas

Paso 1 Listen as two men have a brief conversation before being interrupted by someone.

*Paso 2 Which of the following expresses the main idea of the conversation you heard?

    a. Hablan de la promoción de uno de ellos.
    b. Hablan de la promoción de otra persona.

*Paso 3 According to what you heard, make the best selection to answer each question. Listen again if you need to.

    1. ¿Quién duda qué?
        a. Roberto duda que Toño sea apropiado para el puesto.
        b. Jorge duda que Toño sea apropiado para el puesto.
        c. Los dos dudan que Toño sea apropiado para el puesto.
    2. ¿Qué duda Jorge específicamente?
        a. Duda que Toño tenga la personalidad para ser director.
        b. Duda que Toño tenga la capacidad para ser director.

ACTIVIDAD G La clase de español

Paso 1 Using **Me parece** and **No me parece,** practice making observations orally about your Spanish class. Be sure to invent a final observation in each of the blank lines at the bottom of the lists.

Me parece que...

    ☐ hay demasiado (*too much*) trabajo.

    ☐ mis compañeros siempre están preparados.

    ☐ todas las lecturas son interesantes.

    ☐ el español debe ser requisito para todos.

    ☐ voy a sacar una buena nota en la clase.

    ☐ el profesor (la profesora) nos conoce bien.

No me parece que...

    ☐ haya demasiado trabajo.

    ☐ mis compañeros siempre estén preparados.

    ☐ todas las lecturas sean interesantes.

    ☐ el español deba ser requisito para todos.

    ☐ vaya a sacar una buena nota en la clase.

    ☐ el profesor (la profesora) nos conozca bien.

Paso 2 Call someone from your class and read your statements. Then listen to his or her statements. Are you in general agreement?

ACTIVIDAD H Posibilidades personales

*Paso 1 For each set of circumstances listed, select one element each from the left and right columns to make a statement that's true for you. Remember that any kind of affirmation (strong or weak) will call for the indicative in the embedded clause. Any lack of affirmation will call for the subjunctive.

    1. ☐ Creo que...   ☐ me graduaré con honores.

        ☐ Dudo que...   ☐ me gradúe con honores.

    2. ☐ Me parece cierto que...   ☐ mis amigos actuales sean mis amigos en el futuro.

        ☐ No me parece cierto que...   ☐ mis amigos actuales serán mis amigos en el futuro.

3. ☐ Es seguro que...   ☐ encuentre un puesto al graduarme.

☐ Es poco probable que...   ☐ encontraré un puesto al graduarme.

4. ☐ Es cierto que...   ☐ estudiaré más español en el futuro.

☐ Dudo que...   ☐ estudie más español en el futuro.

5. ☐ Me parece que...   ☐ tenga una casa grande y moderna en diez años.

☐ No creo que...   ☐ tendré una casa grande y moderna en diez años.

Paso 2 Write sentences about each of the following topics. Remember to use indicative or subjunctive as appropriate.

1. hablar español en mi profesión _____

_____

2. estar casado/a dentro de cinco años _____

_____

3. vivir en este estado dentro de diez años _____

4. sacar A en esta clase _____

_____

 **COMUNICACIÓN**

 PARA ENTREGAR Más sobre la clase de español

Using the two lists from the previous activity, write a short composition in which you make your observations about the class. Here are some suggestions for making your composition a good one.

1. To add variety, you may want to replace **Me parece que...** and **No me parece que...** at certain points with expressions that perform the same functions: **Es cierto que... No es cierto que...; Creo que... No creo que...;** and so forth.
2. Remember to use connector words to make your paragraph flow. Some connector words you might consider are **también, tampoco, en cambio,** and **sin embargo.**
3. Think about how you will order the information: Will you use affirmations first, followed by nonaffirmations, or nonaffirmations first, or a mixture of affirmations and nonaffirmations depending on the flow?
4. When you finish writing, edit your composition for the correct use of the subjunctive.

Feel free to make minor adjustments in the statements taken from the previous activity. (Note: You may want to leave out any comments about your instructor unless they are all affirmations of good work!)

● VAMOS A VER

Automóviles inteligentes

ANTICIPACIÓN

Paso 1   Vas a oír hablar sobre «los automóviles inteligentes» del futuro. Antes de escuchar, mira la foto a continuación. Los autos inteligentes del futuro podrán indicar de varias maneras dónde se encuentra el auto, cómo está el tráfico y otra información que le servirá al conductor para elegir las mejores rutas.

Buenas ideas

as empresas de tecnología tienen claro que en el futuro todos los automóviles tendrán un navegador. Por eso, cada día aparecen nuevas propuestas para solucionar los problemas que tienen los actuales y que provocan la distracción de los conductores cuando los manejan.

VDO Dayton propone incorporar el navegador al espejo retrovisor. Una posición muy cómoda, a la que ya estamos acostumbrados y con la que se evitan reflejos. Está a la venta por 352 €. Siemens, por su parte, está desarrollando un sistema de navegación que se manipula con un solo dedo desde un botón, a la derecha del conductor, para evitar que quite la vista de la carretera.

Basándote en esta foto, ¿cuál crees que será el mayor avance en los autos del futuro?

    a.   Serán más pequeños.

    b.   Usarán energía solar en vez de gasolina.

    c.   Serán totalmente computarizados.

Paso 2   Mira la foto una vez más. ¿Dónde se encuentra la pantalla (*screen*) en que se proyecta el mapa?

La pantalla se encuentra en...

    a.   el tablero (*dashboard*).

    b.   el parabrisas (*windshield*) o el espejo retrovisor (*rearview mirror*)

    c.   el volante (*steering wheel*).

Paso 3 Piensa un momento. ¿Qué información se encuentra en un tablero típico de los autos de hoy? Si fuera posible, ¿sería beneficioso cambiar de lugar esta información? ¿Te parece buena idea proyectar la información en el espejo retrovisor o en el parabrisas?

EXPLORACIÓN

Paso 1 Escucha el programa auditivo ahora. No te preocupes de los detalles por ahora.

Paso 2 ¿Qué cosas podrán hacer los carros inteligentes, según el programa auditivo?

	SÍ	NO
1. Podrán evitar embotellamientos (*traffic jams*) y accidentes.	☐	☐
2. Tendrán televisores y teléfonos.	☐	☐
3. Responderán a la voz humana.	☐	☐
4. Podrán detectar la velocidad de otros carros y el estado de la carretera.	☐	☐

Paso 3 Escucha el programa auditivo otra vez. Esta vez trata de tomar apuntes de lo que oyes. A continuación hay cuatro temas principales donde poner tus anotaciones. Trata de incluir detalles, pero no debes copiar oraciones. Escribe palabras clave (*key words*) o frases que te ayuden a recordar datos más tarde. Puedes escuchar sección por sección si quieres. También puedes escuchar más de una vez.

tema 1: mapas electrónicos _____

_____

tema 2: tablero frente a (*versus*) parabrisas _____

_____

_____

tema 3: análisis de otros autos _____

_____

_____

tema 4: análisis del comportamiento del conductor _____

_____

_____

SÍNTESIS

Utilizando los datos obtenidos en **Exploración,** indica si cada uno de los avances trata de la posibilidad de hacer el viaje en auto más agradable o más seguro. Explica cómo ayuda cada avance a la comodidad o seguridad del viaje.

TIPO DE AVANCE	CÓMO AYUDA
un viaje más cómodo	
un viaje más seguro	
análisis del comportamiento del conductor	

VIDEOTECA:

Los hispanos hablan

Paso 1 Lee lo que dicen Giuli Dussias y Montserrat Oliveras sobre el futuro del español. ¿Están las dos de acuerdo en cuanto al futuro de la lengua española?

Los hispanos hablan

¿Cómo ves el futuro de la lengua española?

NOMBRE: Giuli Dussias

EDAD: 35 años

PAÍS: Venezuela

«El futuro del español en mi opinión es brillante. En realidad es un idioma que se habla en más de veinte países en todo el mundo y es el idioma que más se estudia, uno de los idiomas más estudiados del mundo y de hecho el idioma que más se estudia aquí en los Estados Unidos. Por lo cual,... »

NOMBRE: Montserrat Oliveras

EDAD: 33 años

PAÍS: España

«Eh, si me preguntas qué opino sobre el futuro del español, tengo que decirte que es un futuro muy optimista... »

*Paso 2 Ahora escucha los segmentos completos. Luego indica quién menciona cada tema a continuación, Giuli, Montserrat o las dos.

1. Hablar español es una ventaja.
2. Se habla español cada vez más y mejor en los Estados Unidos.
3. El contacto con otras lenguas hace que el español tenga influencias externas.

Paso 3 Comenta el futuro del español en tu propia vida. ¿Piensas seguir estudiando español? ¿Hasta cuándo? ¿Piensas que tendrá un papel importante en tu vida?

● Appendix

Lección 9, *which concludes the first volume of the* Manual, *has been included here for instructors whose classes may not have gotten through it in the first semester.*

 LECCIÓN **9**

¿Y para beber?

In this lesson of the *Manual* you will

◆ Practice talking about beverages
◆ Review the forms and uses of the *preterite*
◆ Review the impersonal **se** and the passive **se**
◆ Listen to someone talk about coffee

 You can find additional quizzes to practice the grammar, vocabulary, and cultural themes covered in this lesson on the *¿Sabías que... ?* Online Learning Center website at **www.mhhe.com/sabiasque5**.

 # IDEAS PARA EXPLORAR
Las bebidas

VOCABULARIO

¿Qué bebes?

Talking about favorite beverages

*ACTIVIDAD A Ocasiones diferentes

Empareja (*Match*) cada bebida con la ocasión en que se suele tomar. Hay varias combinaciones posibles.

BEBIDAS

1. _____ el vino blanco
2. _____ el café descafeinado
3. _____ el té de hierbas
4. _____ la cerveza
5. _____ la limonada con hielo
6. _____ el jugo de naranja
7. _____ la Coca-Cola
8. _____ el café
9. _____ el vino tinto
10. _____ la leche

OCASIONES

a. Se suele tomar cuando uno está mareado (*nauseated*).
b. Se toma en el verano cuando hace mucho calor.
c. Se toma con el pescado o los mariscos.
d. Muchas veces se toma por la mañana para despertarse.
e. Se toma para el desayuno.
f. Se suele tomar en las fiestas.
g. Se toma cuando no se quiere ingerir cafeína.
h. Se suele tomar con la carne, o se le pone fruta para hacer una sangría.
i. Se toma fría con cereal por la mañana o caliente por la noche antes de acostarse.
j. Se toma en cualquier ocasión a cualquier hora del día. Es un refresco frío muy popular.

ACTIVIDAD B ¿Lógico o absurdo?

¿Te parece lógico beber café a las once de la noche? Escucha las situaciones en el programa auditivo e indica si las decisiones que se toman son lógicas o absurdas (¡en tu opinión!).

En mi opinión, me parece...

	LÓGICO	ABSURDO		LÓGICO	ABSURDO
1.	☐	☐	4.	☐	☐
2.	☐	☐	5.	☐	☐
3.	☐	☐			

COMUNICACIÓN

PARA ENTREGAR ¿Qué bebes?

Los médicos nos dicen que es importante beber ocho vasos de agua al día. ¿Cuántos vasos bebes tú? ¿Bebes otras cosas? En esta actividad anota (*jot down*) todas las bebidas que consumes en un día específico. Debes poner las bebidas en diferentes categorías y según la hora del día.

Paso 1 Anota la cantidad de bebidas que consumes durante un día entero.

I. Desde las siete de la mañana hasta mediodía

_____ vasos de agua

_____ tazas de café (descafeinado)

_____ refrescos (Coca-Cola, Sprite, etcétera)

_____ vasos de jugo (de naranja, de tomate, etcétera)

_____ vasos de leche

_____ ¿ ?

II. Desde mediodía hasta las seis de la tarde

_____ vasos de agua

_____ tazas de café (descafeinado)

_____ refrescos (Coca-Cola, Sprite, etcétera)

_____ vasos de jugo (de naranja, de tomate, etcétera)

_____ cervezas

_____ ¿ ?

III. Desde las seis de la tarde hasta medianoche

_____ vasos de agua

_____ tazas de café (descafeinado)

_____ refrescos (Coca-Cola, Sprite, etcétera)

_____ vasos de jugo (de naranja, de tomate, etcétera)

_____ cervezas

_____ copas de vino

_____ ¿ ?

Paso 2 En una hoja de papel aparte, resume (*summarize*) la información de arriba y escribe un párrafo para tu profesor(a) de español para informarle de lo que bebes normalmente. En tu opinión, ¿consumes una cantidad equilibrada de bebidas?

GRAMÁTICA

¿Qué bebiste?

Review of regular preterite tense verb forms and use

ACTIVIDAD C La última vez que...

Do you remember what you had to drink the last time you were at the following places or did the following things? Mark those that apply.

1. La última vez que fui a un picnic...

☐ bebí cerveza

☐ tomé un refresco

☐ tomé una limonada

☐ bebí agua fría

2. La última vez que salí con mis amigos...

☐ tomé un café

☐ bebí cerveza

☐ tomé un refresco

☐ tomé agua mineral

3. La última vez que comí en un restaurante...

☐ pedí una cerveza

☐ tomé un refresco

☐ tomé vino

☐ tomé un café

4. La última vez que asistí a una fiesta...

☐ bebí cerveza

☐ tomé un refresco

☐ tomé un cóctel

☐ bebí agua

5. La última vez que cené con mi familia...

☐ bebí cerveza

☐ tomé un refresco

☐ bebí agua

☐ tomé vino

☐ bebí leche

Reviewing your answers, do you find that your drink preferences change according to event and company? If you're like most people, they probably do!

*ACTIVIDAD D La vendedora automática

Most likely everyone has purchased a beverage from a vending machine (**vendedora automática**). Below are the steps a person usually follows to do so, but they are not in the right order. Arrange the steps appropriately. (Note: Some steps can be switched around.)

a. _____ Apreté (*I pressed*) el botón.

b. _____ Cogí (*I picked up*) el refresco.

c. _____ Hice la selección.

d. _____ Metí el dinero en la máquina.

e. _____ Me saqué el dinero del bolsillo (*pocket*).

f. _____ Cogí el cambio (paso optativo).

g. _____ Encontré la vendedora automática.

*ACTIVIDAD E Anoche

Listen as two people discuss what they did last evening and then answer the questions below.

1. Anoche, Rosa... (*select all that apply*)

   a. tuvo que trabajar.
   b. fue a un concierto.
   c. cenó en un restaurante.
   d. salió con los amigos y bebió mucha cerveza.
   e. estudió para un examen.
   f. habló por teléfono con su familia.
   g. bebió mucho café.

2. Hoy, Rosa no puede dormir porque...
   a. bebió demasiada cerveza y tiene una resaca (*hangover*).
   b. tiene que trabajar.
   c. bebió demasiado café y ahora la cafeína la afecta.
   d. tiene clases todo el día.

*ACTIVIDAD F Las consecuencias de Torpe y Bobo° Torpe... Clumsy and Foolish

For each of the episodes below select the most likely consequences.

Torpe y Bobo son buenos amigos. Los dos trabajan para la misma compañía y comparten un apartamento. Son muy simpáticos, pero tienen poco sentido común (*common sense*). Por ejemplo, la semana pasada decidieron lavar la ropa. No separaron la ropa blanca de la de colores. Y usaron una caja (*box*) entera de detergente. ¿Sabes lo que pasó? Escoge las consecuencias lógicas.

		SÍ	NO
1.	Salió espuma (*foam*) de la lavadora.	☐	☐
2.	La ropa blanca salió multicolor.	☐	☐
3.	No pasó nada. La ropa salió limpia y en buenas condiciones.	☐	☐
4.	Se estropeó (**estropearse** = *to break down*) la lavadora.	☐	☐

En otra ocasión Torpe y Bobo decidieron hacer un viaje (*trip*) a Nueva York. Sacaron mil dólares en efectivo (*cash*) del banco. Viajaron por tren y llegaron a la ciudad a las diez de la noche. En vez de (*Instead of*) llamar un taxi, decidieron dar un paseo por el Parque Central para llegar al hotel.

¿Sabes lo que pasó? Selecciona las consecuencias lógicas.

		SÍ	NO
5.	Llegaron al hotel sin problema alguno.	☐	☐
6.	Un hombre les robó el dinero.	☐	☐
7.	Se perdieron en el Parque y pasaron la noche allí.	☐	☐

Otro día vieron el anuncio de un astrólogo en la televisión. Torpe y Bobo querían (*wanted*) saber algo de su futuro, así que llamaron al astrólogo (¡a $4.00 por minuto!). Hablaron dos horas con él y le hicieron muchas preguntas.

¿Sabes lo que pasó? Selecciona las consecuencias lógicas.

		SÍ	NO
8.	Todas las predicciones del astrólogo se realizaron (*came true*).	☐	☐
9.	Torpe y Bobo se desilusionaron (*became disillusioned*) cuando las predicciones no se realizaron.	☐	☐
10.	Torpe y Bobo tuvieron que pagar mucho dinero cuando les llegó la cuenta de la telefónica.	☐	☐

ACTIVIDAD G Los estudiantes de español

The Spanish Department at your university is gathering some information from their students regarding language study and use. Answer **Sí** or **No** to the following questions.

		SÍ	NO
1.	¿Estudiaste español en la escuela secundaria?	☐	☐
2.	¿Visitaste algún país hispanohablante el año pasado?	☐	☐
3.	¿Consultaste con un tutor de español este semestre?	☐	☐
4.	¿Practicaste español fuera de clase?	☐	☐

	SÍ	NO
5. ¿Consultaste con tu profesor(a) de español durante sus horas de oficina este semestre?	☐	☐
6. ¿Escuchaste música latina en casa este semestre?	☐	☐
7. ¿Viste un vídeo en español este semestre?	☐	☐
8. ¿Escribiste una composición en español este semestre?	☐	☐
9. ¿Utilizaste un diccionario bilingüe este semestre?	☐	☐

COMUNICACIÓN

PARA ENTREGAR ¿Eres astrólogo/a?

In **Actividad F** you read about Torpe and Bobo and their adventures with the astrology hotline. Do you think you have the ability to see the future, or the past, as the case may be? On a separate sheet of paper complete the activity below.

Paso 1   First, make a list of five things you did yesterday.

MODELO   Asistí a mi clase de biología.

Paso 2   Now, concentrate on a classmate from Spanish class and try to "predict" what he or she did yesterday. Write five things that you think that person did. Formulate questions based on your statements.

MODELO   Jane estudió en la biblioteca.

Paso 3   Call that person (or consult with him or her before the assignment is due!) and ask your questions. Note the responses.

MODELO   Jane, ¿estudiaste en la biblioteca ayer?

Paso 4   Write an essay in which you describe what you did and what your classmate did. If you both did the same thing, state it as such (e.g., **Los/Las dos comimos en Taco Bell.**). Did your "predictions" bear out!?

IDEAS PARA EXPLORAR
Prohibiciones y responsabilidades

GRAMÁTICA

¿Qué se prohíbe?

Review of impersonal and passive **se**

ACTIVIDAD A Las reglas° universitarias

rules

Paso 1 Most universities have a number of rules and restrictions that affect students in some fashion. What are some of the things that your university prohibits? Mark those that apply.

En mi universidad...

1. ☐ se prohíbe el consumo de bebidas alcohólicas en las funciones universitarias.

2. ☐ no se puede andar en bicicleta por el campus.

3. ☐ se prohíbe el uso de patines en zonas públicas.

4. ☐ no se permite fumar en edificios públicos.

5. ☐ no se permite beber ni comer en clase.

6. ☐ no se puede estacionar el carro en algunos estacionamientos sin tener permiso.

7. ☐ se prohíbe llevar gorra (*baseball cap*) durante un examen.

8. ☐ se prohíbe sacar libros de la biblioteca sin identificación.

9. ☐ se prohíbe llegar tarde a un examen final.

10. ☐ se prohíbe la cohabitación de hombres y mujeres en una misma residencia estudiantil.

Have you ever violated any of your school's laws? Which ones?

Paso 2 Are there some laws or restrictions that you wish were in effect at your university? Here's your chance to express your ideas! Complete the statements below.

1. Creo que se debe eliminar _____.

2. Se debe permitir _____.

3. En las cafeterías se debe prohibir _____.

4. Se debe eliminar la clase de _____.

If you have time in class, share your sentences with your instructor and classmates.

*ACTIVIDAD B Un mercado internacional

Select the country from the list below that corresponds to each statement.

la Argentina   Cuba   Holanda
Chile   España   Nueva Zelandia
Colombia   Francia   Rusia

1. Se cultiva mucho café en _____.

2. Se toma mucho vodka en _____.

3. Se exportan muchas aceitunas (*olives*) de _____.

4. Se cultiva mucha caña de azúcar en _____.

5. Se cría (*raise*) mucho ganado (*cattle*) en _____.

6. Se extrae mucho cobre (*copper*) en las minas (*mines*) de _____.

7. Se plantan muchos tulipanes (*tulips*) en _____.

8. Se produce mucho champán en _____.

9. Se crían muchas ovejas (*sheep*) en _____.

 **COMUNICACIÓN**

PARA ENTREGAR Para sacar una buena nota...

What are some strategies or techniques that students have to get good grades? Do they study while listening to music? Do they form study groups? Do they make flashcards of vocabulary words in Spanish?

Paso 1 Interview five friends about their studying techniques. If they are from your Spanish class you should conduct the interview in Spanish.

 Paso 2 Now put together a pamphlet that could be distributed to new students to help get them on the right study track. In the pamphlet you should include the strategies and recommendations that you collected in the interviews. For example:

Para sacar una buena nota en una clase de español...

- se debe ir al laboratorio de lenguas tres veces por semana.
- se debe consultar con un tutor fuera de clase.

Para sacar una buena nota en una clase de cálculo...

- se debe comprar una calculadora.

Etcétera.

Make your pamphlet professional, attractive, and informative. And ask your instructor to share some of the strategies in class—maybe you'll learn a new one!

● VAMOS A VER:

¡Café, café!

ANTICIPACIÓN

Paso 1   En un momento, vas a escuchar a alguien hablar del café. Antes de escuchar, completa las tres oraciones a continuación. ¿Cuánto sabes ya acerca del café?

1. El café tiene sus orígenes en _____.
    a. Latinoamérica   b. África   c. Europa

2. En el mercado internacional, el café ocupa el _____ puesto en cantidad de dinero que se mueve (**mover** [**ue**] = *to move*).
    a. primer   b. segundo   c. tercer

3. Hay _____ tipo(s) de café.
    a. un sólo   b. dos   c. varios

Paso 2   A continuación hay algunas palabras que vas a oír en la selección. ¿Sabes el significado de cada una?

el monje: un hombre religioso (católico) que vive en un monasterio. Los monjes suelen tener poco contacto con el mundo exterior.

la materia prima: producto en estado natural, es decir, que no ha sido procesado. El azúcar no es una materia prima; la caña de azúcar sí lo es.

vinculado: conectado, relacionado, unido. Susanita está muy vinculada a su mamá.

EXPLORACIÓN

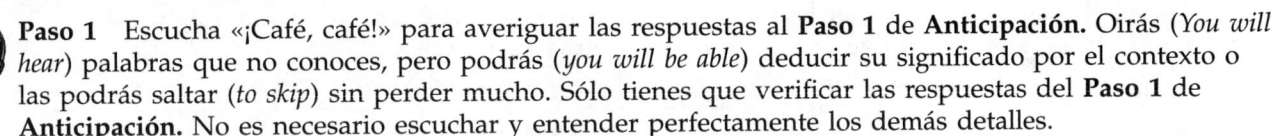

Paso 1   Escucha «¡Café, café!» para averiguar las respuestas al **Paso 1** de **Anticipación.** Oirás (*You will hear*) palabras que no conoces, pero podrás (*you will be able*) deducir su significado por el contexto o las podrás saltar (*to skip*) sin perder mucho. Sólo tienes que verificar las respuestas del **Paso 1** de **Anticipación.** No es necesario escuchar y entender perfectamente los demás detalles.

Paso 2   Escucha la selección otra vez, concentrándote en los orígenes del café y también en el papel desempeñado por (*played by*) los monjes. Luego, completa las siguientes oraciones.

1. Ya sabes que el café tuvo sus orígenes en África. Los franceses lo introdujeron* en

    _____ en el siglo XVIII.

2. Los monjes tomaban café por su efecto _____.

3. Como el café contenía cafeína, los monjes podían dar _____ más largos.

---

*Verbs that end in **-ucir** in Spanish all follow the irregular preterite pattern of **conducir: conduje, condujiste, condujo,** etc.

Paso 3   Vuelve a escuchar la selección una vez más, concentrándote en el papel del café en la economía. Después de escuchar, contesta las siguientes preguntas.

1. ¿Qué materia prima mueve más capital que el café en el mercado mundial?

   _____

2. ¿Cuántos países dependen de las exportaciones del café?

   _____

3. ¿Quiénes sacan el mayor beneficio del mercado de café? ¿Quiénes parecen sacar menos beneficio?

   _____

Paso 4   Vuelve a escuchar la selección entera. ¿Es más fácil entenderla ahora que la has escuchado (*you have listened*) varias veces?

SÍNTESIS

Paso 1   ¿Puedes contestar las siguientes preguntas? (Nota: Las preguntas se basan en las secciones **Anticipación** y **Exploración.** No es necesario que escuches de nuevo la selección.)

1. ¿Dónde tiene sus orígenes el café?
2. ¿Quiénes introdujeron el café en América? ¿Cuándo?
3. ¿Para qué usaban los monjes el café?
4. ¿Tiene mucha importancia el café en el mercado internacional? Explica.
5. ¿Qué tipos de café hay?

Paso 2   Es importante poder expresar ideas con tus propias palabras. Utiliza las preguntas del **Paso 1** como guía y escribe un resumen (de unas 100 palabras o menos) de la información que aprendiste sobre el café. Puedes incluir más detalles si quieres. Y no te olvides de (*don't forget*) usar frases y expresiones apropiadas para conectar las diferentes ideas que contiene el resumen: **también, sin embargo, otra cosa, además, antiguamente, hoy día** y otras expresiones.

VIDEOTECA:

Los hispanos hablan

Paso 1 Lee la siguiente selección **Los hispanos hablan.**

 ### Los hispanos hablan

¿Qué diferencias notaste entre los norteamericanos y los hispanos en cuanto a los hábitos de beber?

NOMBRE: Néstor Quiroa

EDAD: 28 años

PAÍS: Guatemala

«En cuanto a las bebidas alcohólicas, hay una gran diferencia. Los hispanos toman por causas sociales para convivir con los amigos en la mayoría de veces... »

 *Paso 2 Ahora escucha el segmento y contesta la siguiente pregunta.

Según Nestor, ¿se les aplican las siguientes situaciones a los hispanos o a los norteamericanos?

1. tomar bebidas alcohólicas como pasatiempo
2. tomar bebidas alcohólicas cuando uno está solo
3. tomar mucha leche
4. aliviar la sed con agua de fruta

Paso 3 ¿Estás de acuerdo con las observaciones de Néstor? ¿O notas que las actitudes norteamericanas hacia las bebidas alcohólicas han cambiado (*have changed*)?

Paso 4 Lee ahora la siguiente selección. Es la opinión de María Rodríguez, una peruana de 39 años de edad. ¿Tiene las mismas ideas e impresiones de Néstor?

En el Perú la persona que no toma, como yo, es un pavo. Alguna vez he oído a los padres decir: —Pero tómate un trago,[a] hija, es bueno que aprendas a tomar socialmente. Tengo muchos familiares y amigos que en el Perú son muy vacilones,[b] divertidos, pero aquí los llamarían alcohólicos. Lo que no recuerdo en el Perú es gente que tome sola. A mi mamá también le llamaba la atención que mi esposo o mi cuñado llegaran a casa y sacaran una cerveza del refrigerador para tomar solos.

[a]*drink* [b]*funny*

Answer Key

Ideas para explorar: Las bebidas

Actividad A *Possible answers:* 1. c   2. g   3. a   4. f   5. b   6. e   7. j   8. d   9. h   10. i   **Actividad D** *Possible arrangement of steps:* 1. g   2. e   3. d   4. c   5. a   6. b   7. f   **Actividad E** I. a, e, g   II. c
Actividad F 1. sí   2. sí   3. no   4. no   5. no   6. no   7. sí   8. no   9. sí   10. sí

Ideas para explorar: Prohibiciones y responsabilidades

Actividad B 1. Colombia   2. Rusia   3. España   4. Cuba   5. la Argentina   6. Chile   7. Holanda   8. Francia   9. Nueva Zelandia

Videoteca **Paso 2** 1. a los norteamericanos   2. a los norteamericanos   3. a los norteamericanos   4. a los hispanos

LECCIÓN 10

Ideas para explorar: Los estados de ánimo

Actividad B 1. b *or* e   2. g   3. b *or* e   4. a   5. c   6. d   7. f   **Actividad E** **Paso 2** se enoja, se irrita   **Paso 3** 1. sí   2. no se sabe   3. no se sabe   4. sí

Ideas para explorar: Reacciones

Actividad A **Paso 1** 1. a   2. b   3. c   4. a   5. b   **Paso 2** 1. a   2. a   3. c   4. b   5. b   **Actividad B** 1. c   2. a   3. b   **Actividad C** 1. Un piloto llega tarde al trabajo. Está tenso y nervioso. No dice nada. Sólo llora y grita. Se encierra en la cabina del avión y silba.   2. a. tenso   b. nervioso   c. triste   3. El piloto todavía está en la cabina. Lo único que hace es silbar.   4. a. no   b. sí   c. sí   d. no   **Actividad D** **Paso 2** 1. Normalmente ¿te falta energía por la tarde?   2. Después de lavar la ropa, ¿siempre te falta algo?   3. Cuando estudias para un examen, ¿te faltan a veces apuntes importantes?   4. ¿Te faltan muchos cursos para completar tu campo de especialización?   5. Al final del mes, ¿siempre te falta dinero?   6. ¿Faltas mucho a la clase de español?   7. ¿Faltas mucho a otras clases?   **Actividad E** **Paso 1** 1. Quedan nueve copias.   2. Quedan catorce huevos.   3. Quedan nueve rosas.   4. A María Jesús le quedan veintiocho dólares.   5. Quedan setenta y ocho estudiantes.   **Paso 3** 1. A Carlos le quedan treinta y nueve discos.   2. A Gloria le quedan dieciséis botellas.

Ideas para explorar: Para sentirte bien

Actividad A 1. b   2. c   3. a   4. c   **Actividad B** **Paso 1** 1. d   2. a   3. d   4. b   **Paso 2** a. 4   b. 3   c. 1   d. 2   **Paso 3** (*Answers may vary.*) 1. Ir al cine no debe estar en el grupo 1 porque no es necesario gastar mucha energía para hacer esta actividad.   2. Hacer ejercicio no debe estar en este grupo porque para hacer ejercicio no se necesita pelota.   3. Ir de compras no debe estar en el grupo 3 porque para hacer esta actividad se necesita salir de casa.   4. Pintar no debe estar en este grupo porque no es un deporte ni una forma de ejercicio físico.   **Actividad C** 1. a   2. f   3. b   4. d   5. e   6. c
Actividad E **Paso 1** 1. contento   2. tenía problemas   3. hacía   4. iba de compras   5. preparaban galletas   6. leía un cuento

Videoteca **Paso 1** 1. Jugaba al basquetbol, corría y nadaba.   2. a   **Paso 2** 1. Nada, corre y va en bicicleta a la universidad.   2. para quitarse el estrés y sentirse mejor consigo misma   3. Piensa hacer un poco más.

LECCIÓN 11

Ideas para explorar: El tiempo libre

Actividad A Paso 1 1. c 2. b 3. b 4. a 5. c 6. b 7. c **Paso 2** 1. el voleibol 2. trabajar en el jardín 3. meditar 4. saltar a la cuerda 5. bañarse en un jacuzzi **Actividad B Paso 2** a **Paso 3** c **Paso 4** nadar, caminar, pintar, cantar, trabajar en el jardín, meditar, bañarse en un jacuzzi o cualquier otra actividad (1) que se practica a solas (2) que no requiere mucha actividad física y (3) que no requiere el gasto de dinero. **Actividad C Paso 1** 1. c 2. a 3. a 4. b **Paso 2** 1. a 2. b 3. a 4. c **Actividad F Paso 1** 1. a 2. a 3. c

Ideas para explorar: En el pasado

Actividad A Paso 1 Claudio: (sábado) trabajó en el jardín, (domingo) fue al parque, dio un paseo; Óscar: (sábado) corrió 10 kilómetros, (domingo) jugó al tenis; Fernando: (sábado) se bañó en el jacuzzi, tocó el piano, (domingo) meditó **Paso 2** a. Óscar b. Fernando c. Fernando d. Claudio e. Óscar **Actividad C Paso 2** 1. ¿Cuándo fue la última vez que levantaste pesas? 2. ¿Cuándo fue la última vez que fuiste a un museo? 3. ¿Cuándo fue la última vez que acampaste? 4. ¿Cuándo fue la última vez que diste un paseo? 5. ¿Cuándo fue la última vez que nadaste en un lago? 6. ¿Cuándo fue la última vez que jugaste a los naipes? 7. ¿Cuándo fue la última vez que te bañaste en un jacuzzi? 8. ¿Cuándo fue la última vez que patinaste? 9. ¿Cuándo fue la última vez que diste una fiesta? 10. ¿Cuándo fue la última vez que dormiste más de ocho horas? **Actividad D** 1. Alicia 2. Fue con otra persona. Lo sé porque usa las formas correspondientes a **nosotros** (por ejemplo, **dimos un paseo, fuimos al museo**) cuando habla de lo que hicieron. 3. a, c, d, g 4. Fueron a Nueva York. Pistas más obvias: Museo de Arte Moderno, Museo Metropolitano y Parque Central.

Ideas para explorar: La última vez...

Actividad B Paso 2 1. b 2. c 3. b 4. a 5. a **Actividad D** 1. b 2. c 3. e 4. a 5. d **Actividad F Paso 2** 1. el mayordomo 2. una pistola 3. el mayordomo

Videoteca Paso 1 1. chistes religiosos 2. chistes políticos **Paso 2** 1. chistes sobre el fútbol y los futbolistas 2. verdes 3. liberales **Paso 3** 1. en España 2. en los Estados Unidos 3. en los Estados Unidos 4. en España

LECCIÓN 12

Ideas para explorar: Saliendo de la adicción

Actividad A 1. Acuéstate temprano. b 2. Mírate en el espejo. a 3. Ven aquí. b 4. Escríbelo aquí. c 5. Ponlo en la mesa. a 6. Hazlo ahora mismo. c

Videoteca Paso 2 1. el peso y la preparación (condición) física 2. c

LECCIÓN 13

Ideas para explorar: La personalidad

Actividad A 1. b 2. a 3. c 4. b 5. a 6. c 7. a 8. b 9. c 10. c **Actividad D** a. 3 b. 4 c. 2 d. 5 e. 6 f. 1 **Actividad E** 1. c 2. a 3. c 4. b 5. a

Ideas para explorar: La expresión de la personalidad

Actividad B 1. He hecho una película sobre el Holocausto. También he hecho una película sobre los dinosaurios. Stephen Spielberg 2. No he llegado a la India, pero he descubierto el Nuevo Mundo. Cristóbal Colón 3. He visto la Tierra desde el espacio. Fui el primer hombre que caminó en la luna. Neil Armstrong 4. He escrito la Declaración de la Independencia de los Estados Unidos. Thomas Jefferson 5. He tratado de resolver los conflictos en Centroamérica. Gané el Premio Nobel por mi plan de paz. Óscar Arias   **Actividad C Paso 2** 1. sí 2. sí 3. no 4. no 5. sí 6. sí 7. no 8. sí 9. no 10. no 11. no 12. sí **Paso 3** 2   **Actividad E** 1. b 2. a 3. c 4. b 5. c   **Actividad G Paso 2** 1. no 2. no 3. sí 4. no 5. no 6. no 7. sí 8. sí 9. no 10. sí

Ideas para explorar: Más sobre tu personalidad

Actividad A 1. b 2. f 3. e 4. c 5. d 6. a   **Actividad D** 1. reflexivo 2. requiere **se** 3. requiere **se** 4. reflexivo 5. reflexivo 6. reflexivo 7. requiere **se**   **Actividad E** 1. a 2. b 3. b 4. a 5. a   **Actividad F** 1. a 2. a 3. a 4. b 5. b

LECCIÓN 14

Ideas para explorar: La personalidad de los famosos

Actividad A 1. a 2. c 3. c 4. b 5. b   **Actividad B** 1. c 2. a 3. c 4. a 5. a   **Actividad C** 1. b 2. a 3. b 4. c 5. a

Ideas para explorar: Situaciones hipetéticas

Actividad E 1. c 2. e 3. a 4. f 5. d 6. g 7. b

Ideas para explorar: En busca de personas conocidas

Actividad A 1. a 2. b 3. a 4. a 5. a   **Actividad B** 1. a 2. b 3. b 4. a 5. a   **Actividad C** 1. b 2. c 3. a 4. b 5. b   **Actividad D** 1. b 2. b 3. a 4. c

Videoteca Paso 2 1. porque la vida de la mujer en el pasado era difícil y no le gustaría volver [hacia] atrás 2. optimista 3. *Answers will vary.* **Paso 4** 1. clara, iluminada, jovial, alegre 2. triste, pensativa, comprometida 3. *Answers will vary.*

LECCIÓN 15

Ideas para explorar: De aquí para allá

Actividad C 1. b 2. a 3. c   **Actividad D** Situación 1. 1. b 2. la calle está lejos Situación 2. 1. c 2. el banco está cerca   **Actividad F** 1. c 2. b 3. a   **Actividad H Paso 1** Como es cosa de ir tres millas por una calle y otra milla por otra, es más probable que Gonzalo vaya en carro. **Paso 3**

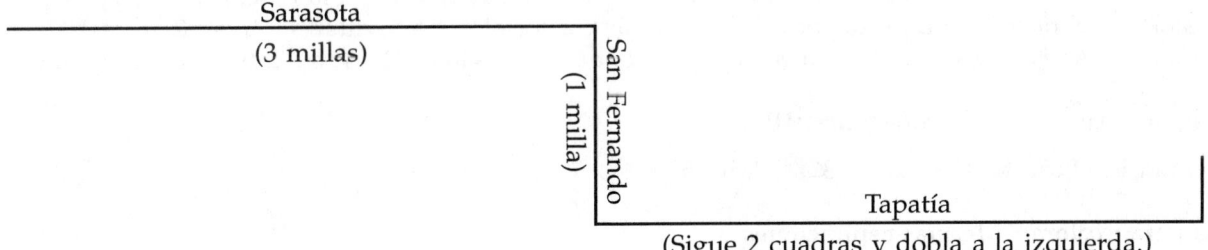

Ideas para explorar: Lo interesante

Actividad A 1. c 2. d 3. e 4. a 5. b   **Actividad B** 1. es lógico 2. es lógico 3. no es lógico 4. es lógico 5. no es lógico 6. no es lógico   **Actividad D** 1. c 2. a 3. b 4. c 5. c

Videoteca Paso 1 1. distintas 2. Cuando empieza, se refiere a factores ambientales. **Paso 2** 1. la mayor 2. a la hermana de Diana 3. La mayor es apegada a la mamá, cariñosa físicamente, callada y tranquila. La menor es independiente, alegre, peleona y agresiva. **Paso 3** 1. no 2. *Answers will vary.*

LECCIÓN 16

Ideas para explorar: La ropa

Actividad A   Paso 1 1. d 2. b 3. c 4. g 5. e 6. g 7. e 8. c 9. a 10. f **Paso 2** 1. falso
2. cierto 3. cierto 4. falso 5. cierto 6. falso 7. falso 8. falso 9. cierto 10. cierto **Actividad C**
Paso 1 1. a 2. a **Paso 2** 1. unos zapatos 2. una falda 3. una falda de cuero, su blusa de seda
Actividad D 1. a 2. a 3. b 4. b **Actividad E   Paso 1** 1. b 2. a 3. b **Paso 2** 1. ¿De qué se
viste para lucirse bien? 2. ¿Se quita los zapatos… ? 3. ¿Qué se pone… ?

Ideas para explorar: De viaje

Actividad A 1. a 2. b 3. a 4. b 5. b 6. a **Actividad B   Paso 2** 1. avión 2. su boleto 3. la
sección de no fumar 4. el boleto 5. revistas a los pasajeros **Actividad C   Paso 2** 1. cierto
2. cierto 3. falso 4. falso **Paso 3** 1. consultar a su agente de viajes o llamar a American 2. visitar
a través del Internet **Paso 4** 1. e 2. c 3. d 4. a 5. b **Actividad D** 1. dobles y simples
2. baños privados, balcones, terrazas, teléfonos, televisiones a colores 3. piscina, canchas de tenis y
golf, excelente comida, playa privada **Actividad E   Paso 2** 1. barato 2. sencilla 3. privado con
ducha 4. media 5. sin vista **Actividad F** 1. a 2. c 3. b 4. d **Actividad G   Paso 2** 4, 5
Paso 3 1. gran turismo 2. 1.464.000 pesos 3. 2 días 4. no

Ideas para explorar: En el extranjero

Actividad A   Paso 1 1. Quítese, command 2. Coma, command 3. Se pone, description 4. Duerme,
description 5. Escriba, command 6. Llegue, command 7. Toma, description **Paso 2** 1. Coma
2. llegue 3. Escriba 4. Quítese **Actividad B   Paso 1** 1. empuje 2. no escupa 3. espere
4. pague 5. marque **Paso 2** 1. c 2. e 3. d 4. a 5. b **Actividad C   Paso 1** 1. LD 2. A
3. B 4. B 5. A

Videoteca   Paso 2 1. sólo de las mujeres 2. falso; según Elizabeth, la moda es más práctica y
cómoda en los Estados Unidos **Paso 3** 1. la moda es un poco más relajada 2. un lugar público o en
una escuela 3. mujeres bellas y bien presentadas (bien vestidas y bien maquilladas)

LECCIÓN 17

Ideas para explorar: Las profesiones (I)

Actividad A   Paso 1 1. No 2. Sí 3. No 4. Sí 5. Sí 6. No 7. Sí **Actividad B   Paso 1** 1. d
2. a 3. b 4. f 5. k 6. j 7. c 8. g 9. i 10. e 11. h **Actividad E** 1. la enseñanza 2. el cine/la
televisión 3. el derecho 4. los deportes 5. la asistencia social **Actividad F** 1. a 2. a 3. b
4. b 5. a **Actividad G** 1. c 2. d 3. b 4. e 5. a **Actividad H** 1. c 2. b 3. a 4. c 5. b

Ideas para explorar: Las profesiones (II)

Actividad D   Paso 1 1. a 2. b 3. a 4. b 5. a

Ideas para explorar: Algunas aspiraciones

Actividad A 1. a 2. b 3. b 4. b 5. a **Actividad B** 1. b 2. b 3. a 4. b 5. a 6. a 7. b 8. a

Videoteca   Paso 1 1. posiblemente los dos 2. Eduardo, Costa Rica **Paso 2** 1. en España; sí lo
conoce 2. Estudia economía en la U. de Illinois. 3. No. Está seguro de que quiere seguir siendo
profesor de idiomas.

Ideas para explorar: Las posibilidades y las probabilidades del futuro

Actividad A 1. Escuchará los problemas de otras personas. c 2. Les hará muchas preguntas a otras personas. b 3. Trabajará mucho de noche. d 4. Pasará mucho tiempo con animales. a 5. Tendrá que viajar mucho. b 6. Conocerá a muchas personas interesantes. b 7. Tomará muchos apuntes. b, c 8. Les hará muchos exámenes físicos a los animales. a 9. Escribirá artículos sobre lo que observa. b, d **Actividad C Paso 2** 1. Ana 2. Rogelio 3. Rogelio 4. Ana **Paso 3** Son esposos. **Actividad F Paso 2** b **Paso 3** 1. c 2. b **Actividad H Paso 1** *Answers will vary.* 1. Creo que me graduaré con honores. / Dudo que me gradúe con honores. 2. Me parece cierto que mis amigos actuales serán mis amigos en el futuro. / No me parece cierto que mis amigos actuales sean mis amigos en el futuro. 3. Es seguro que encontraré un puesto al graduarme. / Es poco probable que encuentre un puesto al graduarme. 4. Es cierto que estudiaré más español en el futuro. / Dudo que estudie más español en el futuro. 5. Me parece que tendré una casa grande y moderna en diez años. / No creo que tenga una casa grande y moderna en diez años.

Videoteca Paso 2 1. Giuli 2. Montserrat 3. Giuli